그림책,

마음을 꺼안다

그림책, 마음을 껴안다

열다섯 명이 들려주는 작은 문장, 큰 위로

초 판 1쇄 2025년 10월 22일

지은이 강화정, 김미애, 김선호, 김효정, 문미영, 문순천, 백작, 신지은, 쓰꾸미, 연수, 영지현, 윤미경, 은재롭다, 이가경, 이연화
기 획 백작
펴낸이 류종렬

펴낸곳 미다스북스
본부장 임종익
편집장 이다경, 김가영
디자인 윤가희, 임인영
책임진행 안채원, 이예나, 김요섭, 김은진

등록 2001년 3월 21일 제2001-000040호
주소 서울시 마포구 양화로 133 서교타워 711호
전화 02) 322-7802~3
팩스 02) 6007-1845
블로그 http://blog.naver.com/midasbooks
전자주소 midasbooks@hanmail.net
페이스북 https://www.facebook.com/midasbooks425
인스타그램 https://www.instagram.com/midasbooks

ⓒ 강화정, 김미애, 김선호, 김효정, 문미영, 문순천, 백작, 신지은, 쓰꾸미, 연수, 영지현, 윤미경, 은재롭다, 이가경, 이연화, 미다스북스 2025, *Printed in Korea.*

ISBN 979-11-7355-528-2 03810

값 19,000원

※ 파본은 구입하신 서점에서 교환해드립니다.
※ 이 책에 실린 모든 콘텐츠는 미다스북스가 저작권자와의 계약에 따라 발행한 것이므로 인용하시거나 참고하실 경우 반드시 본사의 허락을 받으셔야 합니다.

미다스북스는 다음세대에게 필요한 지혜와 교양을 생각합니다.

열다섯 명이 들려주는

작은 문장, 큰 위로

그림책,
마음을
껴안다

백작 기획	강화정	문순천	영지현
	김미애	백 작	윤미경
	김선호	신지은	은재롭다
	김효정	쓰꾸미	이가경
	문미영	연 수	이연화

미다스북스

들어가는 글

그림책을 읽으며
잊고 있었던 과거를 되돌아보고
상처를 치유해 나가다

"미영 작가님, 이번 그림책 에세이 공저도 함께 해 보실래요?"

백작 코치가 그림책 읽고 공저도 함께 써보자고 제안했다. 평소 그림책보다는 에세이나 자기 계발서 위주로 편독하는 나에게 그림책 에세이라니 처음엔 당황했다. 어릴 때만 주로 읽었던 그림책을 성인이 되어서는 잘 읽지 않았다. 하지만 그림책 속 문장에서 한 줄만 발췌하여 내 이야기를 풀어쓰면 된다는 설득에 함께 쓰기로 했다. 처음에는 걱정이 많았는데 막상 쓰기 시작하면서 치유가 되었다.

이번 그림책 에세이 공저는 그림책을 진심으로 좋아하고 관심이 많은 작가들이 모였다. 일, 육아, 경제적 문제, 인간관계 등으로 쉽게 지친 사람들에게 위로와 힘을 주자는 공통된 목적을 가지고 함께 글을 썼다. 서로 처한 상황과 힘든 포인트는 다 다르지만 힘든 상황 속에서도 좌절하지 않고 극복해 나가는 긍정적인 모습을 보여준다. 특히 우크라이나 출신의 외국인 작가도 함께해서 더욱 의미가 있고 우리나라 사람들과는 다른 시각으로 풀어쓴 글이 있어서 생각의 전환도 느낄 수 있다.

1장 '멈추게 한 문장, 나를 마주보다'에서는 지친 마음이 멈춰 섰던 순간, 그림책 속 한 문장을 만나 나의 감정을 들여다보게 된 경험을 중심으로 썼다. 울컥했던 감정, 외면했던 마음, 멈추고 싶었던 날의 이야기를 말이다.

2장 '움직이게 한 문장, 다시 내딛다'에서는 생각을 바꾸고, 작은 실천을 이끌어낸 한 줄을 소개하고 있다. 루틴, 태도, 습관처럼 변화의 시작이 된 구체적인 이야기를 담아내었다.

3장 '내게 온 문장, 당신에게 건네다'에서는 나에게 위로가 되었던 문장을 누군가에게 건네고 싶은 마음으로 썼다. "이 문장은 지금의 당신에게 닿기를….''이라는 메시지를 담고 있다.

나는 지금까지 개인 저서 한 권과 공저 여덟 권을 출간했고, '백작책 쓰기 클래스'에서는 두 번째 공저로 참여 중이다. 이전에 함께해 본 공저 팀과는 다른 느낌이다. 인원이 가장 많았으며, 초고와 퇴고 과정에서 모두 마감 기한과 시간에 한 명의 작가도 빠짐없이 다 제출하였다. 다들 서로 응원해 주고 지치거나 포기하고 싶을 때마다 잘할 수 있다고 용기를 북돋아 주는 훈훈한 분위기도 연출됐다. 이번 책이 첫 공저인 작가도, 나처럼 공저나 개인 저서 출간 경험이 있는 작가도 있고 상황이 다 다르다. 하지만 독자들에게 위로를 주는 글을 쓰자는 똑같은 마음으로 써 내려갔다. 이번 공저를 통해 각 작가들의 좋은 점들을 배울 수 있어서 나에게도 좋은 경험이 되었다.

이전까지는 그림책으로 이렇게 다양한 이야기를 풀어쓸 수 있을 거라는 상상을 하지 못했다. 그림책 한 줄로도 작가들만의 개성이 담긴 이야기가 나올 수 있다. 또 작가들의 글을 읽으면서 공감이 가기도 하고 '나만 경험한 이야기가 아니구나.', '나만 힘들게 살아가는 건 줄 알았는데 사람 사는 이야기는 비슷하구나.' 등의 겸손함을 배우게 된다. 이 책을 읽으면서 상처도 치유 받으며 아이뿐만 아니라 어른들도 그림책에 관심을 많이 가지고 읽었으면 좋겠다는 소망도 담았다.

이번 공저의 시간은 단순한 결과물이 아니라 서로의 이야기를 나누는 과정이었다. 책을 쓰면서 힘들었던 과거의 일들이 떠올라 울컥하기도 했지만 나 또한 많은 위로를 얻었다. 다른 작가들의 글을 읽으면서 '다들 힘든 과정을 겪어내면서 성장했구나.'라는 공감대가 형성되어 뜻깊은 작업이었다. 우리들의 작은 이야기가 이 책을 읽는 독자에게만큼은 큰 위로가 되었으면 좋겠다. 그리고 출간 경험이 많지 않은 평범한 작가들이 쓴 이야기다 보니 부족한 부분이 보일 수도 있다. 따가운 시선보다는 따스한 시선으로 읽어주길 바란다.

– 2025년 9월 문미영

차례

들어가는 글　004

1장 ··· 멈추게 한 문장, 나를 마주보다

1. 가장 소중한 재료　013　　　　　　　　　강화정
2. 착한 며느리는 그만, 진짜 나를 찾아서　018　　김미애
3. 그림자 속에서 피어난 빛　024　　　　　　김선호
4. 나는 특별해　030　　　　　　　　　　　김효정
5. 아기가 떠난 자리에 책이 남았다　034　　　문미영
6. 나, 다채로운 색들의 하모니　040　　　　　문순천
7. 글빛글빛 그림책 모임　045　　　　　　　백작
8. 뜻이 닿는 곳에 삶이 머문다　051　　　　　신지은
9. 짝꿍이 바뀐 날, 아빠도 바뀌었다　056　　　쓰꾸미
10. 나를 책임진다는 것　061　　　　　　　　연수
11. 받아들이고 인정하다　066　　　　　　　영지현
12. 여전히 함께라서 가능한 이야기　072　　　윤미경
13. 멈춤은 또 다른 나를 만나는 시간　077　　　은재롭다
14. 내가 사라진 줄 알았다　082　　　　　　이가경
15. 흔들려도 괜찮아, 일어서면 돼　087　　　이연화

문장에서 삶으로　잠시 숨을 고르며　092

2장 ··· 움직이게 한 문장, 다시 내딛다

1. 지금도 잘하고 있어, 이미 충분히　095	강화정
2. 예쁨 하나, 다시 살아갈 힘 하나　101	김미애
3. 당신은 최고의 작품입니다　106	김선호
4. 문밖에 두려움이 있다면?　112	김효정
5. 티 나지 않지만 성장 중　117	문미영
6. 책과 서점, 행복을 채우다　123	문순천
7. 책은 쌓는 게 아니라 살아내는 것　128	백작
8. 실수는 또 다른 시작　133	신지은
9. 45년 만에 발견한 나만의 무기　138	쓰꾸미
10. 너에게는 민들레가 있니?　144	연수
11. 오늘 무슨 이름으로 살까　149	영지현
12. 멈추지 않으면 도착한다　155	윤미경
13. 결핍은 배우는 삶으로 피어나　160	은재롭다
14. 그래, 이까짓 거!　166	이가경
15. 몽유도원을 향해 나아가다　171	이연화

문장에서 삶으로　멈춘 자리에서 다시　177

3장 ··· 내게 온 문장, 당신에게 건네다

1. 살면서 내가 배운 것들 181   강화정
2. '핑'으로 다시 시작된 나의 삶 186   김미애
3. 언제든 돌아오렴 192   김선호
4. 필라델피아를 향하여 198   김효정
5. 힘든 일이 있을 땐 털어놓아 204   문미영
6. 미술은 어디에나 있어 209   문순천
7. 삶을 경영하는 나, 1인 기업 CEO 214   백작
8. 멈추면 그대로, 움직이면 달라진다 219   신지은
9. 쓰꾸미, 꿈을 쓰다 225   쓰꾸미
10. 함께 가자 기다려줄게 231   연수
11. 행복이 어디 있을까? 236   영지현
12. 사랑은 순환한다 242   윤미경
13. 내가 알아주는 삶이 진짜다 248   은재롭다
14. 너, 진짜 어른이 맞니? 254   이가경
15. 내가 이 세상에 있는 이유 259   이연화

문장에서 삶으로 마음과 마음 사이로 265

마치는 글 266

1장

멈추게 한 문장,
나를 마주보다

삶의 한가운데,
문득 멈춰 설 때가 있다.
그 순간 나를 바라보게 만든 건
그림책 속 한 문장이었다.

1

가장 소중한 재료
강화정

"자폐성 장애가 의심됩니다."
 의사가 조심스럽게 말을 꺼냈다. 아이는 내 무릎에서 내려와 진료실 이곳저곳을 기웃거렸다. 서랍을 열거나 진료 도구에 손을 대려는 아이를 붙잡느라 손이 분주했지만, 머릿속은 멍했다. '왜 하필 우리 아이일까?' 그 말이 머릿속에서 맴돌았다. 아닐 수도 있지 않냐고 질문을 하고 싶었지만, 목이 잠겨 아무 말도 나오지 않았다. 진료실을 나서는 순간 다리가 휘청거렸다. 아이는 내 손을 잡고 세상 근심 하나 없는 듯했다. 나는 한 발 한 발 옮길 때마다 속이 무너졌다. 나는 장애 학생들을 가르치는 특수교사다. 그래서 내 아이의 작은 변화에도 예민하게 반응하며 육아했다. 아이가 자폐라는 사실을 내가 놓쳤을 리 없다고 생각했고, 그 때문에 더욱 의심과 자책이 밀려왔다. 학생들을 가르칠 때는 자신 있었지만, 내 아이 앞에서는 그동안 익숙하게 써왔던 지도 방법과 지식이 전혀 도움이 되지 않았다. 스스로 쌓아온 전문성에 회의가 들었고, 학생들의 성장을 자신 있게 이끌 수 있다고 믿었던 나의 교만함이 무너졌다.

나는 누구에게도 맡길 수 없는 엄마의 자리를 지키고자 휴직을 결정했다. 그 뒤로 해마다 학교에서 "복직이냐, 휴직 연장이냐?"를 묻는 전화가 걸려 왔다. 나는 늘 연장을 택했고, 그렇게 지내다 보니 어느덧 7년이라는 시간이 지나 있었다. 그 시간은 짧지 않았다. 육아에 지치는 날이면 누구의 엄마가 아닌 나의 이름으로 불리고 싶었다. 출근하던 날들이 그리웠다. 더 이상 연장할 휴직이 남아 있지 않아 결국 복직해야 하는 순간이 다가왔다. 사직할까, 복직하는 것이 맞나 많이 고민했다. 복직 서류를 제출하고 집으로 돌아오는 길, 오랫동안 기다렸던 순간이라 시원할 줄만 알았는데 짙은 걱정이 밀려들기 시작했다. "예전처럼 학생들을 뜨겁게 사랑할 수 있을까? 나는 여전히 특수교사로서 가르칠 자격이 있을까?"

그 무렵 나는 그림책 『첫 번째 질문』을 만났다. 그 안에는 고통스러운 나의 질문들과는 다른 따뜻한 질문이 담겨 있었다.

"인생의 재료는 무엇인가?"

— 『첫 번째 질문』 오사다 히로시 글 · 이세 히데코 그림, 천개의바람

단 한 줄의 문장이었지만 쉽게 답할 수 없었다. 그 질문에 답하지 못한 채, 나는 복직의 길로 들어섰다. 교육지원청 특수교육지원센터로 발령받았고, 동시에 센터운영팀장이라는 새로운 역할을 맡았다. 낯선 조직에서 처음 맡아보는 중간관리자의 역할이었다. 이전과는 전혀 다른 업무 속에 나는 마치 신규교사가 된 마음이었다. 모든 것을 다시 배워야 했다. 또 다른 큰 도전이었다. 출근을 며칠 앞두고 불안과 긴장이 몰려와 밤마다 쉽게 잠들지 못했다. 침대에 누워도 머릿속은 온갖 생각으로 가득 차 뒤척이기 일쑤였다. 나는 새벽까지 다른 지역 센터의 홈페이지를 샅샅이 뒤지며 자료를 찾아보았다. 업무와 관련된 지침과 전년도 운영계획을 출력해 놓고, 불안한 마음을 달래듯 반복해서 읽었다.

드디어 첫 출근 날이었다. 우선 나는 솔직해지기로 결심했다. 동료들에게 내가 장애아동을 둔 부모임을 먼저 밝혔다. 그것은 숨기고 싶은 부끄러운 비밀이 아니라, 함께 굳건한 신뢰를 쌓아가는 첫걸음이 되기를 바랐다. 동시에 내 상황이 업무에 대해서 불필요한 동정이나 지나친 배려가 필요해 보이지 않기를 바랐다. 그래서 나는 누구보다 사무실에 오래 남아 업무를 익혔고, 같은 내용을 두세 번씩 꼼꼼히 확인하며 실수를 줄이고자 애썼다. 누가 시켜서가 아니었다. '엄마'가 아닌 '나'의 이름으로 내 자리를 꿋꿋이 지키고 싶었기 때문이다. 하루에도 많으면 수십 통의 상담 전화를 직접 받았다. 내 자리 전화번호가

센터 대표번호로 연결되어 있었기 때문이다. 전화를 건 부모의 짧은 침묵, 작게 떨리는 호흡에 나도 숨을 죽였다. 그 순간의 절박함을 마음에 담았다. 책상 위 메모지는 빼곡이 채워지고, 손은 쉴 새 없이 움직였다. 나는 그들의 절실한 마음을 읽으려 노력했다. 그것은 같은 경험을 해 본 사람만이 알 수 있는 떨림이었다. 나 역시 막막하고 외로웠던 시간을 견뎌냈기에, 그 심정을 온전히 느낄 수 있었다. 나는 어떤 대답을 섣불리 하기보다 그들의 마음을 먼저 귀 기울여 들었다. 형식적인 행정 안내보다 진정으로 필요한 것은 경청이었다. 예전엔 효율과 결과만 중시했지만, 이제는 말투 속에 숨어 있는 진짜 마음부터 살폈다. 탁월한 업무 능력보다 훨씬 중요한 것은 사람의 마음을 헤아리고 보듬는 역량이라는 것을 깨닫게 되었다. 내 이야기를 듣고 용기를 내는 부모도 있었고, 나의 아픈 경험이 누군가에게 길이 되어 준 순간도 있었다. 나는 그들에게 '혼자가 아니에요.'라는 메시지를 내 삶의 시간을 통해 보여주고 싶었다. 지난 7년의 공백은 그저 허비된 시간이 아니었다. 그 시간은 나를 진정한 전문가로 우뚝 세워준 가장 중요한 배움의 시간이었다.

    삶의 중요한 고비마다 나를 흔들었던 순간들이 있었다. 장애 자녀를 둔 부모로서의 깊은 고통, 긴 휴직 뒤에 찾아온 불안감, 그리고 팀장이라는 낯선 자리에서의 혼란. 그러나 이제 돌이켜보니 그 모든 순간은 나를 무너뜨리지 않았다. 나의 땀과 눈물이 단단한 벽돌이 되어 나를 만들어갔다. 오늘도 나는 나 자신에게 조용히 묻는다. "내 인생의 재료는 무엇인가?" 모든 순간 속에서 나를 이끌고 나아가게 한 것은 바로 '시간'이었다. 막막하게만 보였던 문제들도 시간이 지나자 조금씩 실마리가 드러났다. 수많은 시행착오를 거치며 나는 단단한 문제 해결의 경험을 차곡차곡 쌓았다. 시간은 깊은 상처를 따뜻하게 감싸주고 때로는 나를 잠시 멈추게 하며 다시 일어설 힘을 주었다. 그렇게 멈춰 서서 나를 돌아본 순간들이 오늘까지 나를 살아가게 했고 지금의 나를 빚어낸 가장 소중한 재료가 되었음을 나는 확신한다.

2

착한 며느리는 그만,
진짜 나를 찾아서

김미애

　엄마는 늦둥이 딸의 갑작스러운 결혼에 걱정이 컸다. "딸, 결혼해서 사는 게 쉬운 줄 알제? 아니다. 결혼생활은 참말로 어렵데이. 시집가면 3년 동안은 귀머거리, 벙어리, 눈뜬장님처럼 지내야 한데이. 참고 또 참아야 한데이." 결혼을 앞두고 내 손을 꼭 잡으며 엄마는 신신당부하셨다. 하지만 행복한 결혼생활에 대한 기대가 더 커서 엄마의 걱정과 충고를 제대로 귀담아듣지 않았다. 그러나 엄마의 우려는 현실이 되고, 조언을 새겨들어야 했음을 뒤늦게 깨달았다. 시부모님께 좋은 며느리, 사랑받는 며느리가 되고 싶었다. 결혼 이후 내가 달라졌다. 식구 중 가장 늦게 식사를 시작하고 제일 먼저 식사를 마친 뒤 상을 치웠다. 친정에서는 한 번도 하지 않던 설거지를 했고, 늘 받아먹기만 하던 과일도 직접 깎았다. 미스코리아 선발대회처럼 미소를 띠고 애교스럽기 위해 노력했다. "어머니, 나물이 너무 맛있어요. 아버님 같은 멋진 분이 제 시아버님이라니 정말 좋아요." 키워주신 부모님께 감사 인사조차 잘하지 않던 내가 시댁에서는 칭찬을 아끼지 않았다. 성격에 맞지 않았지만, 시간이 지나면 익숙해질 거로 생각했다.

연년생 두 아들을 키우며 눈코 뜰 새 없이 바쁜 나날이 이어졌다. '내가 오늘 양치질했던가?' 기억나지 않을 정도로 하루가 순식간에 지나갔다. 아이들과 집에만 머물다 보니 어질러진 장난감, 쌓여가는 빨래, 밀린 설거지가 넘쳐났다. 나는 늘 남편이 퇴근하기만 기다렸다. 아이들을 함께 돌보면 힘도 덜 들었고 잠시나마 숨을 고를 수 있었다. 낮에는 김치와 밥만 먹던 내가 배달 음식을 먹을 수 있었고, 주말엔 함께 산책하거나 음식점에서 원하던 음식을 먹는 게 가장 큰 기쁨이었다.

그랬던 내 마음의 변화는 매운 갈비찜 집에서 시작되었다. 시부모님이 손자들이 보고 싶다며 집에 오셨다. 함께 맛있는 소갈비찜을 먹기 위해 찾아간 곳은 양이 적기로 소문난 맛집이었다. 양이 적은 집이니 모두가 눈치를 보지 않게 좀 넉넉하게 시키자 했으나 남편은 4인분만 시켰다. 식성 좋은 가족들에게 소갈비찜의 양은 턱없이 부족했다. 오랜만에 하는 외식이고 시부모님도 먼 곳에서 왔는데 반찬량이 적어 보였다. 다들 넉넉하게 먹으면 좋겠는데 그러지 못하는 것 같아 마음이 편치 않다. 항상 며느리가 딸이라고 말하던 시부모님은 내 편이라고 믿었다. 용기를 내어 남편에게 "아까 내 말대로 찜 좀 많이 시키지. 모두가 맘 편히 밥을 못 먹으니 속상해."라며 투정 어린 말을 했다. 남편은 화가 난 듯 내게 말했다. 굳이 비싼 소갈비찜을 많이 먹으려고 하냐며 싫은 표정을 지었다. '며느리가 애 키우느라 고생도 많은데, 오랜만에 외식에서 맛있게 많이 먹으면 얼마나 좋으니?' 하시며 토닥여 주길 바랐다.

그러나 기대와는 달랐다. 남편에게 서운함과 불만이 쌓여도 시부모님은 항상 아들 편에 서서 이야기하니 함께 있어도 외로웠다. 통통했던 아이들이 살이 빠져서 속상할 때 내가 요리를 못해 아이들 살이 빠진다고, 돌을 겨우 넘긴 아이 음식에 맛소금을 넣으라는 시아버지 말에 마음이 복잡해졌다. 아이들을 건강하게 키우고 싶었기에 이유식도 직접 만들어 먹였는데 힘이 빠졌다. 늘어나는 몸무게로 남편이 나를 비하하는 말은 상처가 되고, 시댁의 관심과 참견은 버거웠다. 엄마 말대로 어떠한 말도 듣지 않은 척, 화가 나도 말하지 못하는 척, 보지 못하는 척하며 참고 사는 게 맞는 걸까. 무조건 참기만 하는 게 우리 가족의 행복을 지키는 행동일까. 시댁만 가면 더욱 의기양양해져 손아랫동서와 시부모님 앞에서 못된 말과 화난 표정을 하는 남편 때문에 괴로웠다. 명절 튀김을 준비하는 동안 커피를 사다 달라고 부탁했더니 남편은 늦게까지 마신 술로 자신도 힘든데 심부름시킨다며 불같이 화를 냈다. 식구들 앞에서 무시하는 남편 때문에 속상해하는데 위로는커

녕 동서 앞에서 부끄럽지 않냐는 시어머니의 말이 더 큰 상처를 입혔다. 더 이상 참을 수도, 견딜 수도 없었다.

> "그러던 어느 날, 아침에 일어나 보니 내 이마 껍질에 금이 조금 나 있지 뭐야."
> ─ 『착한 달걀』, 조리 존 글·피트 오즈월드 그림, 길벗어린이

착한 달걀처럼 내 마음도 조금씩 금이 가고 있었다. 식구들에게 인정받지 못하는 자신이 초라하고 부끄러워서 그동안 참아왔던 말을 다 쏟아부었다. 더 이상 착한 아내, 며느리가 되지 않기로 했다. 화가 나도 참고 노력하면 나아질 거라 믿었다. 다른 사람에게 잘해주고자 하는 마음속에는 내가 인정받고 싶은 욕구가 숨겨져 있었고, 그만큼 나도 상대방에게 행동했다고 생각했다. 그러나 호의를 베풀었다 해서 반드시 돌려받을 수 있는 건 아니었다. 최소한의 감사도 표시하지 않는 사람도 많았다. '왜 저 달걀들은 무례할까, 왜 남을 배려하지 않을까?' 하는 생각은 착한 달걀을 괴롭게만 만든다. 사람의 힘으로 인간관계를 마음대로 하기 어렵다. 내가 잘하면 이 사람이 변하겠지, 서로 관계가 더 좋아질 거라는 생각은 착각이었다.

결국 선택할 수 있는 건 내 마음뿐이었다. 잠시 멈추고 온전히 자신을 돌아보는 시간이 필요했다. 가족을 위해 해왔던 노력과 관계 속에

서 내가 기대했던 모습, 마음이 받아들여지지 않았을 때 감정을 조용히 생각해 보았다. 그런 시간이 지나고 나니 이전의 대화들도 조금 다른 결로 다가왔다. '귀머거리, 벙어리, 눈뜬장님처럼 3년을 지내라.'라는 엄마의 말은 단순히 참으라는 의미가 아니었다는 생각이 들었다. 급히 판단하거나 섣불리 반응하지 말고, 관계를 관찰하고, 자신을 지켜내는 시간이 필요하다는 조언이었을지도 모른다. 며느리, 아내라는 역할보다 먼저 스스로를 이해하고 돌보는 일이 중요하다는 메시지였을 수도 있겠다. 이제는 어떤 관계든 내가 할 수 있는 만큼만 하기로 했다. 관계는 혼자 만드는 게 아니었다. 모든 기대를 내려놓은 건 아니지만, 최소한 나를 통제할 수 있는 건 자신뿐이라는 것을 깨달았다. 그 선택 중 하나는 나를 위한 시간을 가지는 것이다. 삶을 다시 일으켜줄 준비의 시간이었고 자신을 중심에 놓기 위한 연습이었다.

   자신을 먼저 돌보는 연습을 시작하면서 남편과 시댁을 바라보는 눈도 조금 달라졌다. 예전에는 남편이 무심하게 말하면 곧바로 무시한다고 받아들였지만, 그가 피곤해서 짧게 말한 것일 수도 있다는 걸 이해하게 되었다. 억눌린 감정이 줄어드니 사소한 말에도 흔들리지 않았다. 시댁에서도 작은 변화가 보였다. 예전에는 시어머니의 말을 속으로만 삭이고 집에 와서 울었는데, 이제는 조심스럽게 내 의견을 전할 수 있게 되었다. 어느 정도 시어머니도 인정해 주시니 그동안 자리 잡고 있던 시댁에 관한 생각도 많이 달라졌다. 희생이 아닌 '선택한 배려'를 하니 마음도 훨씬 가벼워졌다. 억지로 웃으며 맞이했던 시댁 식사 자리가 내 의지로 준비한 자리처럼 느껴졌다. 작은 눈빛과 표정이 바뀌니 상대방도 달라진 것이다. 관계의 중심이 타인이 아닌 나에게 있을 때, 진짜 평화가 찾아온다는 걸 깨달았다.

3

그림자 속에서 피어난 빛
김선호

잠자리 독서를 마치고 침대에 누웠을 때, 딸 도하가 잠시 생각하더니 나에게 물었다.

"아빠 마음속에도 그림자가 있어요?"
"그럼! 아빠 마음속에도 그림자도 가득했던 적이 있었지. 그런데 한순간에 아빠 마음속이 환하게 빛으로 가득하게 되었다! 어떻게 그랬냐고? 그건 말이야…."

> "우리 마음속에는 그림자가 있어요."
> – 『감정 서커스』 리디아 브란코비치 글·그림, 책읽는곰

아이와 함께 그림책을 읽고 이야기를 나누던 그 순간, 나의 마음속

에 그림자로 가득했던 지난날이 떠올랐다. 경제적인 부담으로 인해 항상 불안하고 어둡던 나의 삶 속에 빛처럼 환한 그녀가 나타났다. 그녀를 처음 만난 것은 용인의 한 중학교이다. 나는 3학년 담임이자 중국어 교사였고, 그녀는 우리 학교에 순회 오는 가정 교과 교사였다. 그녀에 대한 첫인상은 '많이 사랑받고 자란 사람'이었다. 밝은 미소와 눈웃음이 인상적인 그녀를 보면서 어쩜 이렇게 그늘 하나 없을까 하는 생각이 들 정도였다. 마침 그녀가 우리 반 수업을 담당하고 있어 학생 상담 때문에 이야기를 나누게 되었고, 학교에 몇 없는 20대 교사였기에 금방 가까워질 수 있었다. 학기가 끝나고 서로의 근무지가 달라져서 쉽게 만날 수 없었지만, 간간이 연락을 이어갔다. 그녀가 주말에 시간이 되냐고 물었다. 그러고는 강남에서 만나자고 하며 일정은 본인이 다 준비하겠다고 데이트 신청을 했다. 참으로 오랜만에 두근거렸다. 주저 없이 약속을 잡았다. 그리고 간만에 정말 많이 웃었고 즐거웠다. 그녀와 함께 있으면 덩달아 나까지 환해지고 밝아지는 느낌이었다.

함께 시간을 보내며 그녀가 나에게 호감이 있다는 것을 직감적으로 알 수 있었다. 하지만 난 그녀의 적극적인 표현을 애써 모른 척할 수밖에 없었다. 왜냐하면 나의 텅 빈 주머니 사정 때문이었다. 나 한 사람 먹고살기도 빠듯한 상황에서 누군가를 만나는 것은 사치라고 느껴졌다. 거기에 무엇보다도 망설이게 되는 이유가 있었다. 왠지는 모르겠지만 이 사람과 교제하는 순간, 결혼할 것 같다는 생각이 들었기 때문이다. 물론 그녀가 좋은 사람이라는 것에는 확신이 들었지만, 나의 어두운 현실 때문에 그녀에게까지 부담을 주고 그늘지게 하고 싶지 않았다. 그렇게 계속해서 호감을 표해오던 그녀였지만, 시간이 지날수록 조금씩 지쳐가는 것이 보였다.

 어느 날, 그녀로부터 캐나다로 유학을 갈 것이라는 문자를 받았다. 문자를 읽는 순간 마음이 쿵 하고 내려앉는 것 같았다. 하지만 그녀를 붙잡을 용기는 없었다. 매 주말에는 누나와 번갈아 가며 엄마 병간호를 해야 했고, 학자금 대출과 여러 경제적인 요인 때문에 나는 잘 다녀오라는 말밖에 할 수 없었다. 그녀는 머지않아 정말로 캐나다로 떠나 버렸다. 며칠 동안은 안부를 묻기도 했지만, 그마저도 시차로 인해 끊기게 되었다. 퇴근 후, SNS를 통해 그녀의 캐나다 생활을 엿보는 것이 일상이 되었다. 환하게 웃고 있는 그녀를 보면서 차라리 잘된 일이라고 스스로를 다독였다. 나 때문에 저 밝은 얼굴에 그림자가 지는 것보다는, 이렇게 그녀를 보내주는 것이 옳은 일이라고 생각했다.

 그런데 어느 순간부터 그녀의 SNS에 근황이 올라오지 않았다. 무슨 일이 생긴 것인지 너무 궁금하고 걱정이 되었다. 그렇게 노심초사하는 스스로를 보면서 그녀에 대한 감정이 단순한 호감이 아니었다는 것을 깨달았지만, 내가 할 수 있는 것은 없었다. 단지 어릴 때부터 했던 것처럼 '만남의 축복'을 허락해 달라고 기도하며 그녀의 포스팅을 기다렸다.

그렇게 1년이라는 시간이 흐른 뒤, 퇴근하고 집에 오는 길에 문득 그녀에게 연락을 해 볼까 하는 생각이 들었다. 답장이 오지 않을 수도 있다는 걱정이 앞섰다. 다가오던 그녀를 계속해서 밀어냈던 것은 나인데, 이제 와 연락하는 것도 염치없다고 생각했다. 그럼에도 밑져야 본전 아니겠냐는 생각이 들어서 용기를 내어 메시지를 보내보았다. '띠링!' 잘 지냈냐며 안부를 묻는 그녀의 답장 하나에 태산같이 쌓여 있던 걱정이 한순간에 녹아내렸다. 여전히 밝고 명랑한 그녀의 문자만으로도 마음이 편안해졌다. 그 순간 그녀에 대한 나의 마음을 다시 한번 확인할 수 있었다. 그녀는 캐나다에서 1년 남짓 시간을 보내다가 다시 한국으로 들어와 있었다. 곧바로 그녀와 약속을 잡고 그동안의 고민을 솔직하게 나누기로 다짐했다. 그녀와 마주 앉아 내가 왜 그렇게 그녀의 마음을 모른 척하고 밀어냈는지를 털어놓았다. 그러자 그녀는 단 1초도 고민하지 않고 말했다.

"그동안 혼자 걱정이 많았겠네. 맞아. 누구에게나 말 못 할 걱정과 고민은 있지. 그런데 이렇게 나에게 털어놓았으니, 이제 더 이상 말 못 할 문제는 아니게 되었네. 이제는 같이 고민해 보자. 함께한다면 분명 방법이 있을 거야."

그렇게 용기를 내어 서로의 손을 맞잡으며 만남이 시작되었다. 그리고 실제로 6개월 만에 결혼을 하게 되었다. 물론 그렇게 두 사람이 손을 맞잡는다고 드라마나 영화처럼 현실의 문제가 짠하고 해결이 되지는 않았다. 여전히 경제적인 부담은 계속되었고, 결혼을 계획하자 그 부담은 현실이 되어 우리의 어깨를 짓눌렀다. 하지만 그녀와 함께하면서부터 한 가지는 명확하게 배웠다. 어떠한 문제이더라도, 미리 사서 걱정하는 것은 아무런 도움이 되지 않는다는 것을 말이다. 그리고 혼자 악착같이 버티는 것보다는 서로가 손을 맞잡았을 때 비로소 더욱 강한 시너지 효과가 나온다는 것도 말이다.

누구에게나 그림자는 있다. 그림자가 너무 작아 그 존재조차 인지하지 못할 때가 있지만, 때로는 그림자가 너무 커져 제멋대로 굴면서 나를 삼켜버릴 때도 있다. 내 안의 그림자를 마주한다는 것은 여전히 두렵고 걱정되기도 한다. 아니, 부끄럽고 수치스러울 수도 있다. 하지만 그 그림자는 여전히 나의 일부분이다. 그 그림자를 부정하고 외면할수록 문제를 해결할 수 있는 방법과는 멀어지게 될 것이다. 오직 그 그림자와 마주했을 때 해결의 빛 한줄기를 찾을 수 있다.

그래도 그림자와 마주하는 것이 여전히 어렵다면, 곁을 지켜 주는 누군가와 함께 손을 맞잡아 보는 것 또한 방법이다. 빛이 빛일 수 있는 이유는 어둠이 있기 때문이다. 어둡기 때문에 밝게 빛날 수 있다. 이와 마찬가지로 우리의 삶에는 그림자가 있지만, 그와 동시에 빛도 존재한다. 빛과 어둠이 언제나 함께하는 것처럼, 혼자서는 불가능하다고 생각했던 일들이 손을 맞잡고 나아갈 때에 비로소 해결될 수 있다.

딸과 함께 읽는 그림책의 한 문장이 나를 멈춰 서게 하였고, 내 마음속의 다양한 그림자와 마주했던 시간을 돌아보게 되었다. 그림자와 마주한다는 것은 여전히 무섭고 내키지 않을 때가 있지만, 이젠 절대로 회피하지 않는다. 지금 내 곁에는 빛처럼 환하게 웃으며 손을 맞잡아 주는 아내와 딸이 있기에 오늘도 용기를 내어 그림자와 마주할 수 있다. 두 사람 덕분에 나의 삶이 어제보다 오늘 한층 더 밝아졌음에 감사한다. 그리고 내일 더 밝아질 것 또한 믿는다.

아내와 딸과 함께 맞잡은 손의 온기를 느끼며, 오늘도 한 걸음씩 빛을 향해 나아가고 있다.

4

나는 특별해
김효정

　외모가 맘에 들지 않아서였을까? 학창 시절 나의 자존감은 바닥을 찍었다. 중학생 시절 오랫동안 좋아하던 남학생이 있었다. 수천 명이 눈앞에 있어도 1초 만에 그를 발견할 수 있을 만큼 그를 좋아했다. 그도 나에게 호감이 있다는 걸 친구를 통해서 우연히 알게 되었다. 가슴이 뛰었다. 그러나 곧 '그래서?'란 생각이 들며 한순간에 마음이 식어버렸다. 좋아했지만 두려웠다. 그가 나에게 실망할까 봐 불안했다. 아마도 나는 사랑받을 수 없는 존재라고 여긴 듯하다.

　외모에 대한 낮은 자존감은 태도에도 영향을 주었다. 친한 친구라 하더라도 내 성적이 더 높았을 때, 그 친구의 눈치를 보는 불편한 감정을 느낄 때가 많았다. 슬프고 힘든 일은 사람들이 기꺼이 함께해 주지만, 내가 잘되었을 때 진심으로 기뻐하고 축하해주는 사람은 많지 않았다. 당시에 나는 시기하고 질투하는 친구와 싸울 수 있는 상태가 아니었다. 내게는 싸움에서의 승리보다 그들의 관심이 더 중요했다. 사람들의 인정과 칭찬도 바라지 못했다.

그래서 나는 최고보다는 적당한 수준인 '좋은 것'에 머무르려고 애썼던 것 같다. '좋은 것'에서 벗어나는 것은 스스로 욕심이라고 여겼다. 어린 시절의 나는 내 욕심만 차리기 어려운 형편이었다. 엄마가 그만큼 희생할 것을 알았기 때문이다. 엄마는 늘 내게 가장 좋은 것을 주고 싶어 하셨지만, 집안 형편이 넉넉하지 못했다. 피아노를 갖고 싶어 하면서도 멜로디언을 가지고 싶다고 말하는 나를 깨달았을 때, 얼마나 울었는지 모른다. 단칸방에서 피아노를 꿈꿀 수는 없었다. 내 삶은 최고보다는 최선을 선택하는 삶이었다. '좋은 것'에 머무르는 것이 나에게는 그나마 내가 선택할 수 있는 최고의 최선 같았다.

그리스 신화에 프로크루스테스라는 도적이 나온다. 그는 지나가는 여행자를 잡아다가 쇠침대에 눕히고 침대보다 키가 크면 팔다리를 잘라내고, 작으면 억지로 늘려서 침대 길이에 맞춘 엽기적인 도적이다. 나는 내 인생의 프로크루스테스였다. 기준에 맞춰 나를 재단했고 끼워 맞췄다. '좋은 것'이라는 쇠침대에 맞춰 튀어나오는 나의 열정, 재능과 노력을 잘라버리고, 부족한 부분은 열등감으로 스스로 힘들게 했다. 나에게 나는 누구보다 잔인했으면서 다른 사람들 앞에서는 무난한 척, 평범한 척했다. 내 삶은 프로크루스테스의 쇠침대였다.

> "난 네가 아주 특별하다고 생각해."
>
> — 『너는 특별하단다』 맥스 루케이도 글 · 세르지오 마르티네즈 그림, 고슴도치

위 문장은 쇠침대에 묶여 있는 나를 비로소 주목하게 했다. 나의 특별함을 모른 채, 힘들면서도 힘들다 말하지 못하고, 슬프면서도 슬프다고 말하지 못하면서도 밝게 웃고 있는 나를. 자신을 소중히 여기지 못하고 남들의 눈으로, 그들의 기준으로, 나의 형편에 내 삶을 끼워 맞추며 살아온 나를 적시하게 만들어 주었다. 스스로에게 프로크루스테스가 되어 잔인하게 팔다리를 묶고 재단했던 나를 향한 나의 잔인함에, 폭력성에 미안했다. 소중히 여겨야 했는데 스스로 상처입힌 내 소중한 어린 시절이 가여웠다. "나는 특별하다."라는 말을 곱씹을수록 눈물이 났다. 나는 그저 그런 아이인 줄로 알고 있었는데, 아니었다.

어린 시절 사진을 다시 들여다봤다. 어쩜 이렇게 예쁘고 귀여운지!
"미안해. 몰라줘서. 더 소중히 여기지 못해서."

요즘 나는 거울을 볼 때면 내가 좋다. 흰머리 희끗희끗하고 뱃살이 두둑해도 좋다. 너무 소중하고 예쁘다. 남편은 항상 나에게 말해준다. 내가 제일 예쁘다고. 내가 제일 매력적이라고. 어이가 없어 웃음이 나오지만 그게 남편의 사랑임을 안다. 나도 나를 사랑하기에 내가 예쁘다. 굳이 객관적일 필요는 없지만, 객관적으로 나는 예쁘게 생긴 편은

아니다. 그럼 어떠랴. 어차피 나는 주관적일 수밖에 없고, 나를 사랑하는 사람은 내 편을 들 수밖에 없다. 나도, 나를 사랑하는 사람도 같은 의견이니 나를 더 예쁘게 여기며 살겠다.

내가 나를 아끼고 사랑하기 시작하니 자신감도 회복되었다. '나는 할 수 있는 사람'이라는 믿음이 나를 든든하게 지지해 줬다. 외계어 같은 연수를 들을 때도, '잘할 수 있잖아!', 낯선 사람과 어울려야 할 때도 '괜찮아, 잘할 거야!', 힘든 일이 생길 때도 '괜찮아, 해결할 수 있어!'. 나에 대한 믿음 하나가 정말 많은 벽을 허문다는 것을 느꼈다.

결국 중요한 것은 내가 나를 어떻게 생각하느냐였다. 다른 사람의 평가에 영향을 받았다는 것은 내가 그들의 생각에 동의했기 때문이다. 내가 그렇지 않다고 여겼다면 다른 사람들이 아무리 나에 대해 말해도 긴 시간 그렇게 영향을 주지 못했을 것이다. 내 외모가 마음에 들지 않는다고, 사람들의 관심과 인정을 받기 위해 내 한계를 정한 사람은 결국 나였다.

나는 존재만으로 특별하다. 남들의 좋은 말이든 나쁜 말이든 그 어떤 것으로부터라도 나는 자유로운 존재다. 그들의 말이 영향을 미칠 수는 있으나 나를 정의할 수는 없다. 나에게는 나만이 가지는 특별한 정의가 있다. 다시는 사람들의 평에 이끌려 나를 다시 쇠침대에 가두고 싶지 않다. 오히려 쇠침대에 누워 있는 사람을 보면 손을 내밀고 싶다. 일어나라고, 자유로워도 된다고. 너는 특별하니까.

5

아기가 떠난 자리에
책이 남았다

문미영

    내 인생은 풀리지 않는 수학 문제 같다. 취업과 사회생활, 결혼, 임신 어느 것 하나 쉽지 않았다.

    20대에는 취업이 어려웠다. 이력서에 한 줄이라도 더 적어 넣기 위해 다양한 활동을 했다. 영어 통번역, 영어 방과 후 수업 등 전공과 관련하여 경력이 될 수 있는 일이라면 가리지 않고 했다. 대학교를 졸업하자마자 영어 학원 강사로 사회생활을 시작했다. 젊은 아가씨가 영어를 가르치니 대부분의 학부모가 나를 미덥지 않아 했다. 아이를 키워본 적도 없고, 이제 막 대학교를 졸업한 강사라는 이유만으로 만만하게 보았다. 아이들마저도 간을 보기 시작했다. 첫날 수업에 들어갔을 때 아이들의 말을 잘 들어주고 친절하게 수업했지만, 그 이후 아이들은 나를 만만하게 보고 반항하기 일쑤였다. 심지어 내가 소리를 지르거나 강압적으로 진행을 해도 내 말은 듣지도 않았다. 학부모들로부터 "선생님이 아직 아이를 안 키워봐서 잘 모르실 거예요." 혹은 "우리 아이가 선생님이 별로 안 무서워서 말도 안 듣고 공부를 안 하나 봐요." 등의 말을 듣기도 하였다. 원장마저도 자주 간섭하거나 CCTV로 수업을 감시하기도 했다.

  3년 정도 영어 강사를 하다가 회의감이 들었다. 오후에 출근하고 밤 늦게 퇴근하는 패턴이 싫었다. 몸도 망가지고 목소리도 자주 갈라지는 등 건강이 무너졌다. 다른 친구들처럼 일반 회사 생활을 해보고 싶었다. 결국 영어 학원 강사를 그만두고, 부산에 위치한 한 해운 회사에 취업했다. 그 당시에 영어가 가능한 직원은 나밖에 없어서 영어로 이메일을 보내고, 전화 통화를 하는 건 기본이었다. 게다가 일본 대리점 직원이 출장 왔을 때 접대도 나의 몫이었다. 아무도 도와주는 사람이 없었다. 회장을 비롯한 전무와 상무, 차장까지 다 나를 예뻐하니 질투한 여직원들의 직장 내 괴롭힘으로 인해 더 이상 버티지 못하고 퇴사했다.
  그러고는 울산에 위치한 공기업의 파견 직원으로 이직했다. 소개팅으로 만난 우리는 서로 대화가 잘 통했다. 자신의 이야기를 경청해주고 잘 챙겨주는 나에게 매력을 느낀 남편이 고백을 했다. 하지만 결혼도 힘들었다. 결혼하기 전에 시부모님의 반대가 심했기 때문이다. 교사나 공무원 집안의 며느리를 원했는데 나는 아니라는 이유에서였다. 반대하시니 남편과 갈등을 겪고 파혼의 위기도 있었다. 위기를 잘 극복하여 1년 4개월의 연애를 끝으로 2016년 10월 30일에 부부의 연을 맺었다.

결혼한 지 9년 차지만 아직도 아기가 없는 난임 부부이다. 결혼 당시에 내 나이는 스물여덟 살, 남편의 나이는 서른다섯 살이었다. 젊은 나이라 조급해하지 않았다. 농담으로 '허니문 베이비'를 가질 거라고 이야기하고 다녔지만 생기지 않았다. 2018년에 자연임신으로 아기가 생겼다. 결혼하고 2년 만에 생긴 아기라 행복했다. 양가 부모님에게 임신 사실을 알렸다. 특히 친정 부모님은 첫 손주라고 기뻐하셨다. 그런데 11주쯤, 검진하러 산부인과에 간 날이었다. 의사가 아기의 몸이 부어있다고 말했다. 예감이 좋지 않으니 마음의 준비를 하라고 하셨고, 우리는 절에 가서 '아기가 무사히 잘 태어나게 해주세요.'라고 기도드리고 왔다. 하지만 결국 12주 만에 아기의 심장이 뛰지 않는다는 말을 들었다. 13주 차, 소파술로 첫 아기를 그렇게 하늘로 떠나보냈다. 첫 유산을 하고 자궁도 쉬어줘야 한다고 해서 몸을 관리했다.

그리고 2021년부터 인공수정을 시도하였다. 두 번의 인공수정을 했지만 모두 실패로 끝났다. 인공수정에 실패하자 바로 시험관 시술로 넘어갔다. 세 번의 시도 만에 두 번째 임신에 성공했다. 하지만 그 이후로 계속 유산했다. 그렇게 나에게는 인공수정 2회, 시험관 시술 6회, 유산 네 번이라는 기록이 남았다.

주변 사람들의 관심에 노력 중이라고 말하지만 이제는 마음을 많이 비웠다. 수없이 맞은 호르몬 주사로 인해 몸도 많이 망가졌지만 마음이 더 무너졌다. 남들은 다 쉽게 갖는 아기가 왜 나에게만 들어서지 않는지 원망도 하였다. 난임을 겪기 시작하면서 다양한 사람들과 관계 정리를 했다. 남편과도 상처가 되는 말을 주고받았다. 시험관 시술 과정보다도 임신 결과를 기다리는 시간이 힘들었다. 임신 수치가 나와도 안심할 수 없었다. 임신에 성공했을 때엔 간절히 원했던 아기라 더 행복해하고, 산후조리원과 출산할 산부인과를 알아보며 그 순간을 즐겼다.

하지만 6주 차가 되었을 때 갑자기 아이의 심장이 뛰지 않았다. 그 이후 네 번째, 여섯 번째 시술에서도 임신에 성공했다. 그러나 무슨 운명의 장난인지 6, 7주 비슷한 시기에 자꾸 유산되었다. 그렇게 아이 네 명의 심장 소리만 듣고 떠나보냈다. 시험관 시술을 하면서 배에 주사기를 찔러댔지만 포기할 순 없었다. 언젠가 아이가 와 줄 거라는 믿음과 희망으로 버텨왔다. 노력해 온 시간이 아까워서 내려놓을 수도 없었다.

> "엄마가 떠난 자리에 두꺼운 책 한 권이 남았다."
> ―『책의 자리』 류예지 글·한지민 그림, 핀드

그러던 어느 날, 이 문장이 내 눈에 들어왔다. 한참 동안 책 속 문장에서 눈을 떼지 못했다. 지금까지 애써왔던 순간들이 파노라마처럼 지나갔다. 아기가 떠난 자리에 내 이름으로 된 책 한 권이 남았다. 책을 통해 나와 같은 난임 부부들에게 위로와 희망을 주고 싶었다. 시험관 시술, 인공수정 등 난임을 극복하기 위해 겪은 과정 그리고 시험관 시술 실패와 유산, 좌절 등의 감정을 글로 풀어냈다. 그렇게 아기가 떠난 자리에 내 이름으로 된 책인『기다림의 고백 그리고 희망을 향한 여정』이 한 권 남았다.

책 원고를 쓰는 데 1년 이상의 시간이 걸렸다. 초고를 쓰면서도 계속 시험관 시술 중이었고 유산을 해서 몸과 마음이 많이 힘들었다. 난임 부부들을 위한 책을 쓰려고 했는데 마음의 여유가 없으니 자꾸 멈출 수밖에 없었다. '출산에 아직 성공하지도 못했는데 책을 내는 게 맞는 걸까?'라는 생각과 '아직 아기를 못 낳은 여자가 쓴 책을 누가 읽기라도 할까?', '책을 낸다고 하더라도 팔릴 수는 있을까? 괜히 작가라는 직업이 멋있어 보이니까 출간한다고 까분 건 아닐까?'라는 생각도 들었다. 하지만 이내 마음을 다잡았다. 아직도 나처럼 난임 병원에 다니며 배 주사를 맞고, 힘든 임신 과정을 버티는 여자들을 떠올렸다. 이대로 포기하기엔 아까웠다. 결심한 이상 책을 출간해야 했다.

만약 내가 아기를 가질 수 없다며 좌절하고 아무런 행동을 하지 않았다면 우울증으로 힘들었을 테다. 난임 스트레스는 난임을 겪어보지 않은 사람은 이해하지 못한다. 공감도 하지 못한다. 난임 스트레스는 암 환자가 겪는 스트레스의 정도와 비슷하다고 한다. 나는 이러한 난임 스트레스를 독서와 글쓰기로 치유했으며 개인 저서(난임 에세이)와 여덟 권의 공저 출간이라는 결과물을 만들어냈다. 난임 부부라는 위기를 책 출간이라는 기회로 만들어 '작가'의 삶을 살고 있다. 책 출간 이후에 지역 서점에 입고하고, 출간 기념 강의(온, 오프라인), 독립 서점 북 토크, 인터뷰 촬영(유튜브)을 하며 바쁘게 살아냈다. 비록 아이는 세상에 없지만, 내 책은 세상에 태어나 여러 방면에서 열심히 활동 중이다. 하늘의 별이 된 네 명의 아이가 엄마를 위해 책이라는 '선물'을 주고 갔다. 짧은 순간이었지만 '엄마'라는 이름으로 두근거리게 했던 루이, 토랑이, 꿀벌이, 대박이를 생각한다.

나, 다채로운 색들의 하모니

문순천

> "모두가 나를 이루는 색깔이야."
>
> —『네 기분은 어떤 색깔이니?』 최숙희 글·그림, 책읽는곰

"모두가 나를 이루는 색깔이야."라는 문장을 마주했을 때, 나는 멈출 수밖에 없었다. 마치 거울을 보듯, 나의 깊은 내면을 비추는 문장과 같았기 때문이다. 나는 그림을 그리는 화가이자 책을 사랑하는 서점 대표다. 때로는 취재하고 기사를 쓰며 콘텐츠를 발행하는 기자이기도 하다. 이런 나를 두고 어떤 지인은 의아하다는 듯이 물었다. "너의 정체성이 뭐야? 화가야? 서점 지기야? 기자야?" 질문인지 따지는 것인지 모호한 그 말에 처음에는 사람들이 나를 이상하게 생각할 수도 있겠구나 싶었다. 잠시 내가 이상한 건가, 아니면 이 모든 것을 정리해야 할까 고민하기도 했다. 하지만 이내 깨달았다. 그럴 필요는 없

다는 것을. 이 모든 것이 바로 나이기 때문이다. 이 모든 것이 나를 이루는 다채로운 색깔들이다.

초등학교 1학년 때부터 예쁘게 글씨를 쓰고 그림 그리는 것을 유난히 좋아했다. 선생님이나 친구에게 편지 한 통을 쓸 때도 대충 주는 법이 없었다. 아기자기한 그림과 감각적인 글씨체로 정성껏 꾸며서 주는 것을 즐겼다. 그 시절, 숙제로 제출하는 보고서도 남들과 같게 내는 법이 없었다. 멋스러운 그림과 글씨체 등으로 꾸며서 특별하게 제출하는 것을 좋아했다. 단순히 점수나 성적 때문이 아니었다. 스스로 그렇게 하는 일이 너무나 재미있었고, 시간 가는 줄도 몰랐다. 초등학교 3학년 때부터 서예를 했던 내게 이모가 아파트로 이사했다며 집에 걸 글씨 작품을 부탁한 적이 있다. 한여름, 에어컨도 없는 방에서 아침부터 저녁까지 종일 글씨를 썼는데, 평소 에어컨 없이는 정말 힘들어하는 내가, 더운 줄도 모르고 몰입해서 글씨를 썼다. 무언가에 깊이 몰두하는 즐거움을 온몸으로 느낄 수 있었다. 이모는 내 글씨가 마음에 든다며 방마다 표구해서 걸어두었다.

학창 시절, 나는 문예부와 학보사 생활을 병행했다. 어린 시절부터 글쓰기와 그림 그리기를 무척 좋아하고 또 잘했던 나는 학창 시절 내내, 심지어 고3 때조차 문예반과 학보사 활동을 놓지 않았다. 교내외 각종 대회에서 상을 휩쓸다시피 하여 초중고 각 학교를 졸업할 때마다 '본교를 빛낸 공로상'을 받았다. 학보사 활동은 특히 즐거웠다. 당시 학보사는 치열한 면접을 뚫고 들어가야 할 만큼 인기가 좋았는데, 다행히 나는 합격할 수 있었다. 돌이켜보면 학보사 활동이 나의 취재 생활의 시작이었다. 좋아하는 선생님(잘생긴 남자 영어 선생님) 댁 탐방기를 쓰자고 동기들을 선동해 탐방을 직접 기획하고 추진했다. 이 기억은 즐거운 추억으로 남아있다. 그때부터 취재하고 기사를 쓰는 것을 좋아하게 되었다. 사실 인문계 고등학교에서 공부만 해도 바쁜 형편인데, 나는 많은 시간을 할애해 가며 시화전, 교지 발행 등 행사 준비를 즐겁게 했다. 그 시절부터 사람들과 교류하는 것을 좋아했다. 학보사 활동을 하면서 선생님, 학교 선후배는 물론 타학교 학생들과도 모임을 했었다. 지금도 서점에서 문화 행사를 열고 독서 모임을 하고 저자 초청 강연을 여는 등 다양한 커뮤니티 활동을 하고 있다. 지금 와서 생각해 보면 어린 시절부터 좋아하고 자연스럽게 하고 있었던 것이다.

이처럼 나의 삶은 그림을 그리는 화가로서의 열정, 책을 통해 지식과 감성을 나누는 서점 대표로서의 역할, 그리고 세상의 이야기를 담아내는 기자로서의 사명감으로 채워져 있다. 이 모든 활동들은 겉으로 보기에는 각기 다른 분야처럼 보일 수 있지만, 그 뿌리는 글과 그림을 통해 소통하고, 사람들과 교류하며, 새로운 것을 탐구하고 기록하는 나의 본질적인 욕구에서 시작되었다.

학창 시절부터 시작된 나의 다양한 경험들이 나를 이루는 중요한 부분이라고 생각한다. 화가로서의 예술적 감각, 서점 대표로서의 책에 대한 사랑과 커뮤니티 형성 능력, 기자로서의 탐구 정신과 글쓰기 능력은 어느 것 하나 버릴 수 없는 나의 소중한 자산이다. 이 모든 것이 서로 연결되어 시너지를 내며 지금의 나를 만들었다. 나의 정체성은 어느 한 가지로 규정될 수 없다. 마치 팔레트 위에 놓인 다양한 색깔들이 모여 하나의 아름다운 그림을 완성하듯, 화가, 책방 사장, 기자 이 모든 것이 바로 나를 이루는 다채로운 색깔이라고 생각한다.

"대표님, 혹시… 그림을 그리시고, 책방을 운영하시고, 또 강의도 하시고 글도 쓰시는 그 모든 일을 어떻게 다 해내시는 거예요? 지치지 않으세요?" 종종 이런 질문을 받는다. 사실 지치지 않는다고 하면 거짓말이다. 하지만 내가 하는 모든 일은 결국 하나로 연결되어 있다. 책에서 영감을 얻어 그림을 그리고, 그 그림을 그리는 과정을 통해 얻은 감정들을 글로 표현한다. 이 모든 과정에서 내가 느낀 것들을 사람들과 나누고 싶어서 강의를 시작했다. 책방은 이 모든 것을 담아낼 수 있는 나의 작은 우주 같은 곳이다. 책과 그림, 글과 이야기가 서로 만나고, 또 사람들과 소통하는 공간이다.

그림 그리고 책방 운영하고 기사 작성하는 각각의 활동이 독립된 것이 아니라, 서로 유기적으로 연결되어 시너지를 내고 있다. 책이 그림의 씨앗이 되고, 그림이 다시 글의 영감이 되며, 그 모든 것이 다시 사람들과의 소통으로 이어지는 순환의 고리다. 나의 열정을 흩뿌리는 것이 아니라, 한데 모아 더 큰 에너지를 만들어낸다. 가장 중요한 건, 내가 이 모든 과정을 진심으로 즐긴다는 것. 책을 읽을 때도, 붓을 잡을 때도, 강단에 설 때도, 그리고 손님들과 이야기를 나눌 때도. 내가 좋아하는 일을 하고 있다는 사실 자체가 나에게 가장 큰 힘이 되어준다.

나는 앞으로도 이 모든 색깔들을 통해 나의 삶을 더욱 풍요롭고 의미 있게 채워나갈 것이다. 나의 다채로운 정체성은 나에게 끊임없이 새로운 도전과 성장의 기회를 제공하며, 세상과 소통하는 나만의 독특한 방식을 만들어준다. 모두가 나를 이루는 색깔이다.

"모두가 나를 이루는 색깔이야."를 통해 분주한 마음을 멈추고 학창 시절부터 지금까지 나를 돌아보았다. 그림책을 좋아하고 판매하는 예술가로서 책 속 문장은 나를 위한 성찰의 시간을 선물해 주었다. 좋아해서 추진하는 많은 일들로 인해, 나를 필요로 하는 고객이나 수강생들도 본인의 색깔을 발견하기를 기대해 본다.

글빛글빛 그림책 모임
백작

 그림책 모임을 만들었다. 어린이들과 책 읽고 토론하던 내가 어른들 대상으로 독서 모임을 만든다는 건 도전이었다. 나의 부족한 독서 실력이 드러날까 걱정되었다. 독서력 뛰어난 사람들은 대화 몇 마디만 해봐도 상대방이 책을 읽은 사람인지 아닌지 안다는 이야기를 들은 적 있다.

 2005년부터 그림책을 구매해서 읽기 시작했다. 그림책 큐레이터 2급 민간 자격증도 가지고 있다. 그림책으로 학생들 대상 원격수업 강의도 했었고, 교사 대상 연수도 진행했었다. 두꺼운 책보다는 얇은 그림책이 쉽게 접근할 수 있겠다 싶어서 '글빛글빛 그림책' 회원 모집 공지를 했다. 2024년 1월 7일 첫 모임을 가졌다. 그림책을 소리 내어 함께 읽고 마음에 드는 문장과 장면을 고르게 했다. 내 경험과 연관 지어 이야기를 나누었다. 모임에서 말한 내용을 블로그에 몇 문장이라도 적으라고 권했다. 그림책을 함께 읽고 글도 조금 쓸 수 있는 모임으로 출발했다. 중간에 회원이 바뀌기도 했지만 꾸준히 자리 지켜준 사람들 덕분에 1주년 기념으로 용산에서 만나 밥을 먹었다.

    2주에 한 번 모일 때마다 공지하고 줌에 들어올 사람을 확인했다. 오픈 채팅방에는 8월 17일 39회 모임을 공지했다. 혼자 읽을 때보다 함께 나눌 때 새롭게 보이는 그림과 문장이 있었다. 나의 시작이 다른 사람들의 삶과 그림책을 연결 지을 수 있다니.
    2005년부터 현재까지 그림책 사랑이 뜨거웠다가 식었다가를 반복했다. 지금은 그림책이 내 옆에 늘 있어야 하는 벗이다. 참가자 회원들도 꾸준히 모임에 참여해 주니 좋았다. 그들이 돌아가며 그림책 선정도 해준다.
    모임을 만든 이유는 라이팅 코치로서 장기적으로 글쓰기 회원을 확보하려는 마음이 컸다. 그런데 모임을 이어갈수록 그림책 덕분에 과거를 회상하고 글로 남길 수 있는 기회를 가진단 사실이 좋다. 덕분에 다른 사람이 쓸 수 있는 환경을 제공하는 사람으로 살아가고 있다.

> "모든 것이 버거워지면 감사가 잘 있는지 보러 나가요."
> ─ 『감정 호텔』, 리디아 브란코비치 글 · 그림, 책읽는곰

어느 날, 그림책 모임에서 만난 『감정 호텔』이 나를 건드렸다. 개인

적으로 무슨 호텔이라고 적힌 그림책을 선호하지 않는다. 인기 있으면 누군가가 나서서 패러디 책이라도 내는 양 출판사마다 책 제목에 '호텔' 글자가 들어가는 게 느껴졌다. 그림책 회원 추천을 받아 『감정 호텔』을 선정했다. 혼자였다면 거들떠보지도 않을 책이다.

일요일 밤 9시부터 10시까지 진행하는 모임에서 마치는 시각을 정확하게 지키고자 노력 중이다. 더 늦으면 월요일이 부담될까 싶어 그렇다. 회원들의 나눔이 길어지거나 참여자가 열 명이 넘을 때면 내 경험과 느낌은 생략한다. 우선 회원들 이야기부터 듣는다. 『감정 호텔』에 표시한 내용도 길게 말할 상황은 아니었다. '감사'가 눈에 들어온다 정도였다. 많고 많은 감정 문장들 중에 나에게 이 문장이 들어온 이유가 있다.

'모든 것이 버거워지면' 때문이었다. 나는, 5년째 매주 2~3회, 작가로서 강의를 듣는다. 3년째 라이팅 코치로서 매주 2회 책쓰기 과정 강의를 한다. '백작 책 쓰기 클래스' 소속 작가님들이 매주 강의에 참여해 주고 있으며 집필도 진행하고 있다. 습관이 되어 일에 대한 버거움은 없다. 나에게 버거운 일은 '가족'이다. 현재 친정 아빠는 요양병원에 있다. 주간보호센터 다니신 지 며칠 만에 요양병원 입원을 결정했다. 후두암 수술 흔적으로 인해 목에 구멍을 뚫은 채 살고 계신다. 치매가 심해지니 손가락으로 목구멍을 막은 후 말하는 것도 잊으셨다. 지독한 흡연중독자였는데 담배 기억을 못 하신다. 2024년 5월 1일이 마지막 가족 외식이었다. 2024년 6월에 요양병원 입원하셨으니 1년이 넘었다. 처음엔 주말에 찾아뵈었더니 집에 가겠다며 나와 엄마를 따라나서는 바람에 애를 먹었다. 1년이 지난 요즘은 걸으려고 하지도 않고 집에 가잔 말씀도 안 하신다. 멍하게 지내시는 듯하다. 목욕 때문에 한 달에 한 번은 병원에 들른다. "아빠 나왔어." 밝게 얘기하지만 마음 한편으론 안쓰럽다. 아빠가 입원한 후 며칠 뒤에 엄마는 아빠 폰을 해지했다. 전화를 걸 수 없는 폰을 아빠는 만지작거렸다. 어느 날 교회에서 예배 시간에 노래를 부르는데 눈물이 터졌다. 웬만해선 잘 울지 않는데, 아빠가 더 이상 나에게 전화를 걸 수 없겠구나 생각이 스치자 멈출 수 없었다. 치매 때문에 전화를 해지한 줄도 모른다는 사실이 인간관계 단절을 의미하는 것 같았다. 월급날 아침이면 돈 좀 보내라고 하셨던 아빠였다. 운수업이 녹록지 않으면 나에게 기름값을 달라고 했다. 일은 해야 하고 돈 달라고 전화는 들어오고. 지금도 내 폰은 무음이다. 아빠 번호가 뜰 때마다 심장이 빠르게 뛰었는데 더 이상 전화를 할 수 없다는 사실이 왜 이렇게 측은하게 느껴지는지. 눈물의 의미는 다양했다. 아빠가 아프기 전에 걸려 온 전화를 한 번이라도 상냥하게 받았는지. 돈이 중간에 끼어 있어서 더 멀어진 건 아닌지. 통화를 할 수 없는 사이가 되어버렸다.

버거운 일들을 뒤로 한 채 요즘엔 감사를 찾는다. 아빠가 요양병원에 계시긴 하지만 식사 잘하고 건강해 보여서 감사하다. 딸인 나를 알아봐서 감사하다. 셋째 주 토요일엔 아빠를 보러 갈 수 있어서 감사하다. 엄마도 나이가 있으시고 버거우실 텐데 자식에게 걱정 안 끼치려고 아빠를 챙기는 모습에 감사하다. 지금 내 삶은 『감정 호텔』의 다양한 감정처럼 화려하지만 우선 감사부터 챙겨보는 게 맞다.

그림책 모임을 통해 나와 회원의 감사를 공유한다. 모임 중엔 회원들의 이야기에 공감하고 고개를 끄덕인다. 모임 이후엔 내가 나를 공감한다. 애썼다고, 잘했다고. 그림책 모임 운영자답게 그림책과 일상을 연결하는 자체를 즐긴다. 그림책 모임 덕분에 일상을 멈추고 감정도 보살핀다. 원가족을 챙기고자 하는 마음도 충전한다.

그림책 모임으로 인해 멈추고 나서 과거를 돌아보니 감사한 일도 찾을 수 있었다. 지금 내가 책을 좋아하는 것도 샘터를 끼고 살았던 엄마 덕분이다. 친정에 가면 마루 책장에 피천득의 『인연』이 있다. 재활용으로 버린 걸 주워 왔는데 책등만 봐도 좋단다. 엄마 모습을 통해 지금의 나를 본다.

'백작 책 쓰기 클래스' 회원들이 한 명씩, 두 명씩 '글빛글빛' 모임을 찾는다. 감사한 일이다. 회원들이 쓰기 위해 그림책 읽는 모임에 참여하니 나눔이 풍성하다. 한 명만 참여해도 감동하던 초창기를 생각하면 열 명씩 참여하는 지금에 감사해야 한다. 당연하게 여기지 않고 초심을 유지하는 그림책 큐레이터가 되고자 한다. 모임에서만큼은 코치

보다는 그림책을 사랑하는 작가이고 싶다. '글빛글빛' 내 안의 빛나는 글, 그림책 한 줄을 통해 빚어내는 회원들이 점점 많아지기를. 삶에서 감사를 찾고 자신만의 그림책 서사를 챙기는 작가들과 계속 모임을 유지하고 싶다.

8

뜻이 닿는 곳에
삶이 머문다
신지은

　원래 무뚝뚝하고 내향적이라 마음을 온전히 말할 수 있는 사람이 아니었다. 아이들을 키우면서 더 내향적으로 바뀌었다. 표정을 보이는 것도 서툴고 누군가에게 쉽게 다가서지도 못했다. 안부를 묻고 인사를 건네는 일조차 쉽지 않았다. 다른 사람에게 먼저 마음을 열지 못하니 주변은 항상 제자리였거나 멀어졌다. 아이들이 얽혀있으면 싫다는 말을 더 꺼낼 수 없었다. 기분이 상하는 말이나 욕이 들려와도 화내지 않았다. 서류 정리해달라, 아끼는 물건을 빌려달라며 부탁받아도 거절하지 못했다. 상대방에게 내 감정이 싫은지 좋은지조차 확실하게 말하기 어려웠다. 솔직한 마음을 드러내면 상대방과의 관계가 틀어지게 될까 무서웠다.

　둘째 아들이 태어나면서 상황은 더 좋지 않아졌다. 친정엄마조차 손

사래를 칠만큼 밤마다 귀가 멍해질 정도로 울어댔다. 남편과 번갈아 안아주며 자장가도 불러 주고 달래주면 그제야 잠이 들었다. 첫째 아들은 아파트 정자에 나가면 자신의 손보다 큰 돌을 들고 다녔다. 돌을 들지 못하게 하면 울거나 뛰쳐나가는 돌발행동이 다른 엄마들이 보기에는 위협적이었다. 그런 모습을 어떻게 설명해야 할지 몰랐다. 아들에 대해 수군거리는 게 느껴지면 피해 다니고, 주변 사람들에게 마음을 열지 못했다. 그러다 보니 아이들과 함께 나가는 엄마들 모임도 점점 불편해졌다.

  첫째 아들은 네 살이 되어서도 말을 트지 못했다. 무슨 말을 걸어도 "다다다", "도도도" 의미 없는 대답만 반복될 뿐이었다. 원하는 물건이 있어도 정확히 가리키지 못하니 서로 답답함만 커졌다. 얼굴을 붙잡고 입 모양을 보여주고 싶어도 아이는 눈을 마주치기 어려웠다. 말로 표현을 하지 못하니 아들의 투정도 날이 갈수록 심해졌다. 수개월을 언어 수업 내내 울면서 나오는 아들의 모습에 나도 지쳐갔다. 아들의 다른 점을 엄마인 나조차 인정하지 못하니 권태기라도 온 것처럼 모든 게 하기 싫었다.

> "마음을 하나하나 병에 담아 자신을 더 이상 괴롭히지 못할 곳에 꼭꼭 숨겨요."
>
> ―『마음을 담은 병』, 데버라 마르세로 글·그림, 나는별

아동 발달센터에 갈 때마다 아들의 다른 점을 인정하지 못한 채 마음속에 병으로 담았다. 집을 나설 때마다 큰 돌을 들고 있는 아들을 보면 수군대지 않을까 두려운 마음을 병에 담았다. 산책하러 나가서 의자에 앉아 쉬다가도 돌발행동을 하지 않을까 하는 조바심을 또 병에 담았다. 아무도 뭐라 하지 않는데 혼자만 신경 쓰느라 생긴 불안을 병에 담았다. 내 아이가 다르다는 생각으로 인해 누군가의 말이 불편하고 싫어도 말하지 못했다. 그렇게 비교하는 마음을 병 속에 꾹꾹 눌러 담았다.

친한 사람들과 같이 밥이라도 먹을라치면 아들의 다른 행동만 신경 쓰였다. 어떻게든 숨겨야 한다는 생각에 자연스레 사람들과 거리를 두었다. 살면서 가장 쉽게 끊어질 수 있는 것도 사람과의 관계였다. 거미줄처럼 이어질 듯 말듯 위태로운 관계라면 어떤 행동과 말을 해도 결론은 같았다. '모르는 사이보다 못한 사람이라면 아예 모르는 사람으로 살자.' 사람 관계에 연연하지 않기로 했다. 나를 나로서 봐주지 않는 사람에게 기대하며 서운해하지도, 혼자 짜증 내며 마음속 병에 담아두지 않기로 했다.

아들의 발달장애를 있는 그대로 받아들이자. 머리를 식히고 눈앞에 있는 현실에 집중하자며 마음을 다독였다. 사람들의 시선을 신경 쓰고 살기보다 꼬여있던 마음을 인정하고 현재할 수 있는 일에 충실해지기로 했다. 내 아이가 다르다는 것을 있는 그대로 받아들이고 오롯이 아이에게 집중하기로 했다. 감추고 살기 바빴던 감정의 병을 모두 열어놓으니 마음도 한결 자유로워졌다. 인정하고 나서야 그동안 얼마나 내 마음을 돌보지 않았는지 알았다.

자궁암 판정을 받고 병원에 다니면서 첫째 아들의 장애 판정도 서둘렀다. 아이 발달을 최우선으로 두고 내 몸 치료에 집중했다. 암 수술과 치료를 받는 동안 둘째 아들은 시댁에 맡겼다. 친정엄마는 첫째 아들의 언어 치료를 위해 발달센터를 데리고 다녔다. 내 마음을 인정하니 주변 환경도 달라졌다. 몸을 추스르고 난 뒤에도 오로지 아이만 생각했다. 처음에는 한꺼번에 많은 걸 받아들인다는 게 어려웠다. 그런데도 차분히 인정할 수 있었던 건 순전히 아이들이 있었기 때문이다. '뭐가 됐든 해야 한다.'라는 생각뿐이었다.

식당과 물류센터 아르바이트를 하면서 아들의 발달에만 집중했다. 발달센터 소파에서 쪽잠을 자고 야간 아르바이트를 쉴 새 없이 다녔다. 일 때문에 몸은 피곤하고 힘들었어도 마음은 오히려 편안했다. 아들에게 집중하고 상황에 맞춰가며 닥치는 대로 일용직을 하며 살았다. 결국, 곁에 남을 사람만 같이 하게 된다는 걸 알고 나니 남의 눈치를 볼 필요도 없어졌다. 인간관계가 좁으면 어때. 마음을 나눌 이가 한 사람이라도 있으니 '괜찮게 살고 있구나.'라고 생각할 수 있게 되었다.

책 읽기 모임에 참여하면서 인터넷 서점을 둘러보았다. 제대로 들여다본 적 없던 그림책들이 눈에 들어왔다. '한 번 읽어 볼까?' 하는 가벼운 마음으로 산 책이었다. 지금껏 남에게 보이고 싶지 않은 감정은 병 속에 감춰두고, 밝은 모습만 보여주려 애쓰고 눈치 보기 바빴다. 그러나 곁을 떠날 사람은 아무리 좋은 모습만 보여줘도 결국 미련 없이 떠난다는 걸 알았다. 좀 더 자신을 들여다보며 사랑하고 싶어졌다. 부정적인 감정을 병에 담고 깊숙이 묻어두는 것만이 좋은 게 아니었다. 때로는 솔직한 감정을 드러내는 것도 관계에 도움이 되었다.

이름도 얼굴도 모르고 마음만 둥둥 떠다니는 여러 사람과의 인연보다 한두 명의 진실한 사람에게 마음을 다하고 싶어졌다. 일과 발달센터에 집중하면서 자연스레 정리된 사람 관계가 오히려 우울증을 이겨내는 힘이 되었다. 첫째 아들을 인정하고 나니 일하는 게 몸은 힘들어도 마음이 편안했다. 현재를 열심히 살아갈 수 있는 계기가 되었다. 겉으로 표현하지 않고 마음속 병 안에 담아두는 것만이 전부가 아니라는 걸 알았다. 외로운 것, 괴로운 것, 짜증 나는 것, 화나는 감정을 병 속에 숨기는 건 결국 스스로 마음에 벽을 쌓는 일이었다.

유통기한 지난 우유처럼 상하기 쉽고 변하기 쉬운 것도 사람 마음이었다. 무슨 일이 있어도 다른 사람에게 자신의 마음을 솔직하게 꺼낼 수 있는 용기도 있어야 한다는 것을. 어떤 일을 하는지가 중요한 게 아니었다. 무슨 일을 하든 누군가를 만나고 이해하고 다가갈 수 있는 용기를 가지는 것도 자신이 마음먹기 나름이다.

9

짝꿍이 바뀐 날,
아빠도 바뀌었다
쓰꾸미

"엄마. 나 짝꿍 바꾸고 싶어요."

2025년 7월. 덥다. 초등학생 때는 축구하고 선풍기 바람만 쐬어도 충분했다. 어머니가 주셨던 수박 한 쪽과 얼음을 넣은 사이다로 여름을 보냈다. 이젠 선풍기만으로 부족하다. 가만히 자리에 앉아서 유튜브를 보려고 해도 땀으로 옷이 젖는다. 꿉꿉하다. 좁은 소파에서 딸과 내가 살이라도 닿으면 서로 옆으로 가라고 했다.

더위도 피하고 전기세도 줄여볼 겸, 집 옆에 있는 도서관을 향했다. 나와 비슷한 생각을 하는 사람들이 적지 않았다. 도서관은 4층까지 있는데 빈자리를 찾아보기 힘들었다. 2층에 있는 아동 문학 코너에 들어갔다. 이번 책을 쓰면서 그림책이 주제라고 하니, 아이들이 어렸을 때 읽어주었던 모습이 떠올라 그림책을 뒤적거렸다.

눈에 들어온 책이 있었다. 어머니가 돌아가셔서 그런지, 할머니라는 단어에서 눈길이 멈추었다. 그 책을 뽑아 들고 책을 휙 넘겼다. 한 페이지에서 조금 더 오랫동안 멈추었다. 일주일 전에 있었던 일이 생각났다.

> "아가, 오늘은 어쩐지 네가 기운이 없어 뵌다?"
> — 『할머니 사진첩』, 김영미 글 · 전수정 그림, 책먹는아이

저녁을 먹고, 초등학교 5학년인 딸 채민이가 인상을 찌푸리면서 학교에 있었던 일을 풀어냈다. 일주일 전에 짝꿍이 바뀌었단다. 내가 초등학생일 때처럼 책상을 두 개씩 붙여서 앉는 짝꿍인 줄 알았지만, 채민이 반에서는 책상 사이에 사람이 다닐 수 있는 공간을 둔다고 한다. 채민이 옆에 앉은 이번 친구는 다른 아이와 조금 달랐다.

이 친구, '종명'이는 수업 시간에 소리를 지른다. 소리를 지르는 이유에 대해서는 아직 딸도 파악이 안 되었다. 조용한 교실을 채우는 큰 소리를 질러서 깜짝 놀란다고 했다. 거기다 소리를 지르는 것보다 딸이 더 불편한 일이 있었다. 수업 시간에 갑자기 일어난 종명이가 옆에 있는 딸에게 다가와서 얼굴을 가까이 댄다는 것이었다. 수업 시간에 수업을 듣다가 불쑥 얼굴을 들이대면, 가족이어도 불편하다.

채민이는 영어 단어를 외우기 힘들어한다. 외우고 돌아보면 잊어버리고, 다 외운 줄 알았는데 시험을 치르면 하나둘 틀려서 오니 기분이 상하나 보다. 그래서 영어 단어 시험을 볼 때마다 예민했다. 그런데

시험 당일, 보조 선생님이 채민이 답지를 보며 종명이에게 알파벳을 하나씩 불러 주셨다. 채민이는 자신이 노력하는 것을 쉽게 짝꿍이 쉽게 얻어가는 것 같아 불편하다고 했다. 시험을 다 보고, 옆 짝꿍과 시험지를 바꾸어서 채점을 매길 때에도 선생님이 채민이에게 요청했다.

"선생님이 불러 준 거니깐, 전부 틀렸다고 점수를 매겨줄래?"

채민이는 이렇게 다 틀렸다고 할 거면 왜 시험을 보고, 점수는 왜 자신이 매겨야 하는지 이유를 모르겠다고 투덜거렸다. 사회 시간에도 종명이가 갑자기 소리를 지르는 것도 싫다고, 후식을 다 먹을 때까지 계속해서 불만을 터뜨렸다.

한 달 전에 채민이가 경기도 의정부시 모든 초등학교가 모여 진행한 피구 시합에 참여했다. 상대방 학교가 피구 시합 중에 반칙해서 졌다며 불만을 터뜨렸다. 얼마나 분하고 억울하면 시합장 화장실에서 엉엉 울었다고 아내가 전해주었다. 채민이는 규칙을 모두 지켰는데, 상대방은 규칙을 지키지 않아 승리했다고. 이 판정이 잘못되었다고 집에서 저녁을 먹고 후식을 먹을 때까지 계속 이어졌다. 나는 딸에게 그럴 수도 있다며 적당히 둘러대며 징징거리는 소리를 멈추려고 했다. 이때 아내가 나를 째려보았다. 흠칫했다. 아내는 나를 한 번 더 째려보고는 딸에게 말했다. 채민이가 규칙을 잘 지킨 것은 엄마가 처음부터 끝까지 다 봤다면서, 채민이의 이야기를 끝까지 들어주었다. 아내는 투정과 불만 섞인 이야기에서 전환을 만들었다. 선생님이 혹시 그 장면을 보시기 힘들지 않았겠느냐며 채민이의 보는 시야를 넓혀주었다. 선생님도 못 보시면 잘못된 판정을 할 수 있다고 의견을 나누었다. 넓어진 생각 덕분에 채민이가 그럴 수도 있다는 가능성을 수긍했다. 그리고 칭얼거림은 줄어들었다.

 딸이 기분이 좋지 않아 보여, 내일 담임 선생님께 전화해서 설명해도 되겠냐고 흘러가듯 물어보며 딸의 기분을 파악하려 했다. 딸은 괜찮다고 했다. 딸에게 들려주고 싶은 이야기를 딸 옆에 앉아 있는 아내에게 대신 전했다. 아내가 듣고 답하는 방식으로 딸의 감정에 공간을 두는 방식을 선택했다. 도움이 필요한 친구는 생각하는 기준점을 다르게 봐야 한다고 했다. 종명이도 어른이 되면 혼자 살아가야 하는 방법을 배워야 한다고. 초등학교 때부터 이런 교육을 반복하고 연습하지 않으면, 홀로 오롯이 살아가야 할 때 대응하지 못해서 더욱 어려울 수 있다고 했다. 그래서 채민이가 불편한 사항이 있다면, 채민이의 생각과 감정을 솔직하게 전해주어야 한다고 했다. 종명이에 대해 선생님과 대화할 때, 아내는 종명이의 기분이 중심이 되어야 하는 게 아니라 채민이의 기분이 우선이 되어야 한다고 강조했다. 다만 채민이의 기분을 표현하면서 예의를 벗어나지 않아야 한다고 덧붙였다. 필요하다면 담임 선생님께 도움을 청하라고. 채민이는 알아들었다는 듯 찡그렸던 눈썹이 펴졌다. 기본적인 사항을 알려주고, 스스로 답을 찾기를 기대했다.

다음 날, 저녁을 먹으면서 채민이에게 슬쩍 물어봤다. 담임 선생님께 채민이의 생각이 잘 전해졌는지, 종명이와의 관계에 변화 사항이 없는지 물었다. 갑자기 일어나거나 소리 지르는 종명이는 변하지 않았다. 다만, 그렇게 행동하는 종명이를 보면서 채민이가 집에서 이야기하는 시간이 줄었다. 채민이가 불편할 때, 선생님이 중간에서 종명이를 별도로 교육해 준다며 편안한 표정과 함께 학교 간다고 인사를 했다.

늘 좋은 아빠가 되고 싶다. 아이들이 고민하고 어려움이 있을 때마다 멋진 답을 주고 싶었다. 읽었던 책 중에 좋은 문구를 필사하며 새로운 통찰력을 주고 싶었다. 아이들에게 고민하고 방황하면서 보내는 시간이 낭비라고 생각했다. 하지만 그건 내 욕심이었다. 잡은 물고기를 아이에게 건네주고 싶었던 모양이다.

아이가 나 없이 살아갈 시간이 더 길 확률이 높다. 언제나 내가 답을 줄 수 없다. 고민하면서 힘들어 보일 때, 스스로 충분히 고민할 수 있는 시간을 주는 것도 좋은 방법이다. 그림책처럼 일상의 안부를 물으며 기다리는 방법도 좋다. 옆에서 지켜보다가 조언이 필요하다고 할 때는 한마디 해보려고 한다. 그때까지 참는다. 대신 조언을 해주기 전까지 괜찮은지 물어보는 것만으로도 위안을 줄 수 있다는 걸 요즘 발견했다.

내가 늘 학교에서 갔다 오면 돌아가신 어머니가 내 표정을 살피며 물었던 "오늘 어땠냐?", 이 한마디가 그립다.

10

나를 책임진다는 것
연수

얼마 전까지 나는 마흔의 길목에서 방황하며, 마흔에 관련된 책들로 책장을 채우고 마음의 고비를 넘기고 있었다. 그때는 몰랐다. 마흔만 지나면 조금 편해질 거로 생각했다. 그 시기만 지나면 경제적으로나 심리적으로 성장해서 조금은 마음이 여유가 있을 거라고 착각했다. 하지만 인생은 고개 넘어 고개라고, 겨우 한 챕터가 넘어가고 다른 챕터가 열림을 알게 해주었다. 오히려 현재 챕터를 넘어가기 위해서는 그 무게를 감당할 준비가 예전보다 더 필요하다는 걸 깨닫게 되었을 뿐이었다.

가끔은 아이들에게 '하고 싶은 게 뭐야? 뭐가 되고 싶어?' 하며 물었지만, 슬프게도 나에게는 무엇이 되고 싶었고 무엇을 하고 싶었는지 물어보지 않았다. 직장인으로서, 아내이자 엄마로서, 또 딸로서 완벽하지도 못할 거면서 나름 충실하기 위해 발버둥 치며 사는 동안 중년의 아줌마만 남아 있었다. 그러던 중 직장 일로 알게 된 요리 블로그 운영하는 사람을 만나게 되면서 나의 삶에 변화가 생기기 시작했다. 그는 나이가 있음에도 불구하고 오랜 시간 꾸준히 블로그와 인스타를 운영하며 지금도 왕성하게 활동하고 있었다. 그 계기로 블로그를 하면 어떤지, 어떻게 유지할 수 있는지, 장점은 무엇인지, 부업으로도 가능한지 등을 물으며 관심을 가지기 시작했다. 그는 일상적인 생활이나 내가 좋아하는 글, 사진 등을 블로그에 올려보라고 권해주었다. 아주 오래전 블로그를 만들어둔 후 열어보지도 않았고 어떻게 활용하는지도 몰랐는데, 그분을 만나 내가 좋아하는 독서 기록을 남기면서 글쓰기가 시작되었다. 중년이 다 되어서야 내가 무얼 하고 싶은지 찾으려 하니 쉬운 일은 아니었지만, 일단 내가 좋아했던 것을 먼저 생각해 보니 책 읽기였다. 그렇게 시작된 초기 블로그 독서 기록 글들을 보면 오타와 부실한 내용으로 차마 봐 줄 수 없을 지경이다. 하지만 수정하지는 않았다. 그때의 나도 '나'이기에 부족한 나를 이해해 주었다. 어제보다 더 성장한 나를 기록하고 싶었다.

그렇게 블로그에 독서록을 기록하던 중 백 작가의 '무료 글쓰기 강의'를 우연히 접하게 되었다. 그 인연은 나에게 또 다른 변화를 안겨주며 책까지 출간하게 되었다. 온전히 개인 저서는 아니지만, 어찌 첫 숟가락에 배가 부를까. 일단 시작을 하게 되었으나 막막하고 두렵지만 설레는 마음이 더 커서 용기를 낼 수 있었다. '무엇이 되고 싶었어? 무얼 하고 싶어?' 하는 나의 마음속 이야기가 들렸기에 과감하게 용기를 낼 수 있었다. 그러나 막상 글을 쓴다고 자리에 앉아보니 학창 시절 시험지를 받은 학생이 된 것처럼 머릿속이 하얗게 되는듯했다. 키보드 앞에 앉아 자판을 두드리면 그냥 글이 쓰일 줄만 알았는데 쉽지 않음을 몸소 느끼게 되었다. 고민 끝에 이제 갓 성인의 문턱에 걸음을 뗀 큰아들에게 도움을 요청하자, 추천해 준 책이 『어린 왕자』였다. 큰아들이 초등학교 때 1일 1 독서록을 시켰던 것이 되려 나의 글쓰기에 도움을 주게 될 줄 몰랐다. 밖에서 놀기를 좋아했던 큰아들은 그나마 나의 독서록 부탁은 꾸준히 들어주어서 지금도 그때의 독서기록장과 일기장들을 보물단지처럼 소중하게 책장 한쪽에 모셔두었다. 내가 강제로 독서록 쓰기를 시키기는 했지만, 꾸준히 쓰게 한 것이 나의 육아 중 제일 잘했던 일인 듯하다. 중년이 되어 읽은 『어린 왕자』에서는 '길들여짐'이라는 단어에 마음이 멎었다.

> **"너는 네가 길들인 것에 대해 언제나 책임이 있어."**
> – 『어린 왕자』, 앙투안 드 생텍쥐페리 글 · 스튜디오 유나 그림, 유나 출판사

이 책은 내가 나의 위치에 책임을 다하려 애를 썼지 정작 나를 잘못 길들여왔음을 알게 해주었다. 당연히 자식이니까 해야 했고, 당연히 엄마니까, 당연히 동생이니까 해야 했다. 직장에서는 당연히 선배니

까, 후배니까 하며 나는 그렇게 괜찮은 척하며 살아왔었다.

  누군가 내 뒤를 바싹 쫓아오는 것처럼, 뒤처지면 큰일이 나는 줄 알고 쉼 없이 달려왔다. 살다 보면 그때는 그것이 진실이고 전부인 줄 알았다가, 시간이 지나면서 그 선택이 틀렸음을 깨닫고 후회하게 된다. 그러고 나서야 안다. 그 하루는, 내 인생에서 아주 작은 모래알 같은 시간이었음을.

  책 속의 "너는 네가 길들인 것에 대해 언제나 책임이 있어."라는 문장에서 거꾸로 나는 스스로에게는 얼마나 책임을 다하고 있나 질문하게 되었다. 길들여짐을 슬쩍 기다리는 여우와 길들이길 원하면서 여우에게 자유를 주려 하는 어린 왕자의 마음이 느껴졌다.

  그와 동시에 자유를 지극히도 원하면서 그 자유에 대한 책임이 두려워 나를 숨기고 길들임을 선택했던 스스로를 바라보게 되었다. 관계에서 연결되는 기쁨과 동시에 그것에 의한 결핍과 외로움, 양면적인 감정들을 공감하며 책을 읽을 수 있었다. 사막이라는 외롭고도 척박한 환경 속에 살아온 여우, 그래서 더 기대고 싶고 의지하고 싶었을 여우의 처지가 나의 마음과도 닮아있는 듯했다. 책을 통해 길들임의 책임은 우선 나를 사랑해야 가능하다는 걸 느끼게 되었다. 지금도 밤을 새워 읽을 수 있는 책이 있다면 책과 아침을 맞이할 수 있을 정도 독서가 좋다. 독서를 통해 글을 쓰고, 지금이라도 나를 새롭게 길들이며 나를 돌볼 수 있게 되었으니 얼마나 다행인지 모르겠다. 삶의 길이는 내가 결정할 수 없으니 나에게 주어진 남은 삶을 이제라도 조금 더 알차게 살아보려 한다.

어른이 되어 다시 읽은 『어린 왕자』에서는 예전에 읽었던 동화 같은 느낌이 아닌 등장인물들이 각자의 느낌과 이야기로 나에게 다가와 주었다. 어린 왕자만 주인공이 아닌 작은 장미꽃과 비행사, 사막여우, 바오밥나무, 상자 속에 작은 양, 밝게 빛나는 별들의 속삭임이 위로가 되어 나에게 돌아왔다. 어제와 오늘의 하늘, 다가올 내일의 하늘이 똑같지 않듯이 그 하늘을 다르게 바라보는 유일함으로 오늘을 사는 나를 바라보게 되었다.

11

받아들이고 인정하다
영지현

　우크라이나 학생들은 초등학교 4년, 중학교 4년, 고등학교 3년간 학교에 다니면 졸업한다. 내가 다닌 초등학교는 시력이 안 좋은 아이들만 다니던 특수학교였다. 초등학교 4년 내내 우등생이었고, 학교 동아리와 축제에도 적극 참여해서 활동 우수상도 받았다. 초등학교 졸업할 때까지 엄마는 나의 성적을 주변 사람들에게 자랑했다.

　중학교에 들어가야 할 무렵 엄마는 나를 특수학교가 아닌 일반 중학교에 입학시키기로 했다. 반 학생 수도 많고 수학 공부도 어려웠다. 간단한 계산은 할 수 있었지만, 문자가 들어가는 '대수학'은 따라가기 어려웠다.
　어느 날, 엄마가 나에게 수학 숙제를 설명해 주고 있었다. 나는 이해하지 못했다. 안 풀리는 수학 문제 때문에 마음이 답답해서 눈물을 흘리기 시작했다. 엄마는 나를 달랬다. 다시 수학 설명을 했다. 다시 들어도 나는 이해하지 못했다.

"네가 그렇게 멍청하면 원래 다녔던 학교로 다시 보내줄게!"

나는 울고 있어서 엄마의 표정을 보지 못했지만, 엄마의 목소리가 컸다. 한숨을 내쉬는 소리가 들렸다. 특수학교로 돌아가기 싫어서 나도 울부짖었다. 엄마는 그런 나에게 수학을 설명해 주는 걸 포기하고 수학 과외 선생님을 구했다. 그 이후로 엄마는 자주 말했다. "올라는 다 잘하는데 수학을 못 한다." 나는 수학을 잘하기 위해 노력했지만 잘 안됐다.

시간이 지날수록 내가 못 하는 게 늘었다. 수학, 물리학, 화학, 역사, 체육. 내 성적이 점점 떨어지는 걸 보고 엄마는 나를 나무랐다. 잘하는 과목도 있었다. 국어, 문학, 영어였다. 받아쓰기는 최상 12점을 받았다. 에세이는 선생님이 안내한 기준에 맞게 잘 썼다. 문학 수업 시간에 반 학생 앞에 서서 암송하기도 했다. 열두 살에 배우기 시작한 피아노도 잘 쳤다. 주변 친구들보다는 6년 늦게 시작했지만 배우는 속도가 빨랐다.

고등학생 때는 내가 잘하는 공부, 못하는 공부를 잘 알고, 부족한 점을 채우기 위해 노력했다. 힘들었다. 엄마는 간섭하지 않았다. 내가 혼자 알아서 해보기를 바랐나 보다. 결국, 나는 못하는 것은 놔두고 잘하는 것에 마음을 쏟았다.

대학교에 입학할 때는 장학생이 되었다. 학비를 내고 공부해야 했던 동기가 나를 부러워했다. 그 친구는 영어 과외를 받고 입시 시험에 합격했다. 영어 과외를 한 번도 받아 본 적이 없는 내가 동기보다 실력이 우수하다니 흐뭇했다. '내가 다른 사람보다 잘하는 게 있구나.'라는 생각을 처음으로 했다.

나보다 다른 사람이 잘하면 부러워한 적 있었다. 우리 대모(godmother)의 딸 안나가 그림을 잘 그렸다. 어릴 때 미술 학원에 같이 다녔던 시절이 있었는데 내 그림보다 안나의 그림이 항상 더 높은 평가를 받았었다. 나도 잘 그리고 싶었지만 그러지 못했다. 안나가 그린 그림을 볼 때면 부러웠다. 내 미술 실력이 원망스러웠다. 결국엔 나는 미술 학원을 그만두고 미술에서 손을 떼었다. 시간이 지나고 나와 안나는 어른이 돼서 각자의 길을 가게 됐다. 안나는 지금도 그림을 그린다. 안나의 그림은 여전히 감탄할 만큼 아름답다. 하지만 나는 이제 부럽지 않다. 안나의 재주를 인정하고 그림을 감상한다. 내가 못하는 것을 원망하느니 다른 사람이 잘하는 것을 인정하고 칭찬하는 태도가 더 낫다.

한국에 와서 결혼을 하고 주부가 되었다. 지금은 공부나 외국어를 잘하는 게 살림엔 도움이 안 된다. 주부로서 설거지만 잘하는 것 같다. 나머지는 잘 못해서 대충한다. 그래서 시어머니께 잔소리를 자주 듣는다.

내가 못하는 것 중에는 아이에게 '책 읽어주기'도 있다. 아이가 좋은 책을 접했으면 해서 나름대로 노력하고는 있지만, 막상 너무 떨린다. 아이는 아동 발달센터에서 그림책을 읽어 달라고 했다. 집에서는 읽어달란 소리를 잘 안 하는데 웬일인가 싶어 나는 기쁜 마음으로 아이에게 그림책을 읽어주었다.

아이가 들고 온 그림책에서 가슴에 와닿는 문장을 발견했다.

> "그래요. 누구나 못하는 거 있어요. 그리고 잘하는 것도 있고요."
> - 『마음아, 작아지지 마』 신혜은 글 · 김효진 그림, 시공주니어

맞다. 나도 당연히 못하는 것이 있다. 못하는 것을 배울 수 있지만, 제자리걸음일 때 그냥 받아들여야만 한다. 그래도 내가 잘하는 것 리스트를 작성해 보면 몇 가지 있을 것이다. 공부, 외국어, 요리.

첫 번째는 공부이다. 하고 싶은 공부나 내가 관심이 있는 공부를 잘한다. 기억력, 암기력, 습득력이 좋아서 많은 것을 배울 수 있는데 배운 것을 실천하는 게 문제다. 기회만 있으면 다 실천해 보고 싶은데 그럴 기회가 언제 생기려나….

두 번째는 외국어이다. 영어도 한국어도 유창하게 하는데 통 · 번역

사나 언어 교사를 하지 않는 이상 언어 실력을 발휘할 데가 없어서 아쉽다. 외국어 공부에 내 마음을 많이 쏟았던 시간이 아깝진 않다. 그렇다고 지금은 주부를 하면서 외국어를 잘하는 게 무슨 쓸모일까.

세 번째는 요리이다. 한국에 와서 한국요리를 따로 배운 적이 없었다. 그냥 먹고 싶은 음식의 조리법을 네이버에 치고 레시피를 따라 하기만 했다. 그런데 이상하게 첫 시도부터 성공할 때가 많았다. 떡볶이, 비빔밥, 소고깃국, 미역국, 닭볶음탕, 찜닭, 비빔국수 등등…. 만들어 본 한국 음식이 많다. 처음에 남편만 맛있게 먹는 것이 최고의 칭찬이었다. 남편은 한국인도 아닌 내가 한국 음식을 어떻게 잘하냐고 물으며 신기해했다. 주변 사람들도 내가 만든 음식이 맛있다고 했다. 물론 그 말이 칭찬일 뿐일 수 있는데 내가 봐도 맛있다. 요리를 잘한다는 증거가 한 가지 있다. 내 가족은 음식을 음미하며 "밥 더 줘!"라고 말한다.

한국에 왔을 때 한국인들과 대화를 자주 하다 보니 알게 된 점이 있다. 한국인들은 실력에 대해 칭찬할 때 "못하는 게 없네요." 또는 "못하는 게 뭐예요?"라고 말한다. 처음에는 어떻게 대답해야 할지 몰랐다. 그래서 조용히 미소를 짓기만 했다. 지금은 아무 말을 안 하는 것이 예의가 아니라고 생각해서 "아녜요. 못하는 것도 있어요."라고 대답했다. 한 번 더 유머 있게 답한다.

"선생님, 언어도, 뜨개질도 잘하는데 못하는 게 없네요."

"아니에요. 전 망치질 못해요."

"지현 씨 못 하는 게 뭐예요?"

"삽질이요. 삽질 못 해요."

나도 부족한 점이 있다는 사실을 안다고 말하는 마음으로 유머를 더해서 대답한다. 이 세상에 완벽한 사람은 없으니까.

누구에게나 못하는 것이 있으면, 잘하는 것도 있다. 못하는 것만을 생각하며 열등감에 빠지면 안 된다. 잘하는 것에 집중해서 자기 자신의 길을 찾을 수 있다.

남이 잘하는 것을 부러워할 때가 있지만, 그럴 필요가 없다. 대신에 이해해야 할 사실이 있다. 잘하는 것이 무엇이든 남이 그것을 잘하기 위해서 엄청난 열정을 쏟으며 어마어마한 노력을 했다는 사실. 잘하는 것은 부러움이 아니라 존경을 받을 만하다. 자신을 남과 비교하지 않고 자신이 잘하는 것에 집중하면 된다. 모든 걸 잘할 수 없으니까 자신이 못하는 점은 시원하게 인정하고 잘한다는 칭찬은 받아들이면 된다.

12

여전히 함께라서
가능한 이야기

윤미경

> "떠나간 이는 내가 기억하는 한 언제까지나 나와 함께한다."
> – 『무릎딱지』, 샤를로트 문드리크 글 · 올리비에 탈레크 그림, 한울림어린이

    그림책 『무릎딱지』의 마지막 장을 덮는 순간, 그 문장이 내 안에 조용히 내려앉았다. 마치 오랫동안 굳게 닫혀 있던 마음의 문이 스르르 열리는 듯했다. 초등학교 1학년 아이들에게 매일 그림책을 읽어주던 시절이었다. 나는 아이들이 책과 친구가 되기를 바라는 마음으로 쉬는 시간마다 도서관에 다녀오게 했다. 아이들은 고심 끝에 골라온 책을 칠판 앞에 자랑하듯 전시했다.
    "선생님, 제가 고른 책 꼭 읽어주세요."
    추천 도서가 여러 권 쌓여 있었고, 그중 유독 빨간 표지의 그림책 한 권이 내 눈에 들어왔다.

"오늘은 하늘이의 추천 도서를 읽어줄게요."

그렇게 말하며 『무릎딱지』의 표지를 넘겼다. 첫 문장, '엄마가 오늘 아침에 죽었다.'를 읽는 순간, 마음이 '쩍' 하고 무너졌다. 눈물이 왈칵 쏟아지고 목이 메어 더 이상 다음 문장을 이어갈 수 없었다. 여덟 살 아이들은 이해가 안 간다는 듯 놀란 눈으로 속삭였다.

"선생님, 왜 울어요?"

그러나 내 마음은 쉽게 진정되지 않았다. 작은 상처에 반창고를 붙이며 떠나간 엄마를 그리워하는 그림책 속 아이의 마음이, 내 안 깊숙이 잠들어 있던 상실의 기억을 흔들어 깨웠다.

'왜 울었을까.'

한동안 그 눈물의 이유를 알 수 없었다. 시간이 흐르며, 내 안의 오래된 기억 하나가 서서히 모습을 드러냈다. 고등학교 졸업식을 며칠 앞둔 겨울, 할아버지는 갑작스레 세상을 떠나셨다. 운전 중 심근경색으로. 그해 나는 대학 입시에 낙방했고, 기쁜 소식을 전하지 못한 채 할아버지를 보내드려야 했다. 장례식장에 문상 온 조문객들의 식사를 나르며, 그들의 얼굴을 똑바로 마주할 수 없었다. 할아버지 친구분들이 "너네 할아버지는 네가 첫 손주라고 얼마나 애지중지하셨는데… 쯧쯧. 대학 합격 소식을 전해드렸다면 얼마나 기뻐하셨겠니?"라며 말을 건넸다. 그 말들은 내 마음 깊숙한 곳을 아프게 찔렀다. 왜 더 열심히 공부하지 못했을까. 왜 할아버지의 자랑스러운 손녀가 되지 못했을까. 할아버지의 사랑을 듬뿍 받기만 하고, 그의 체면을 세워 드리지 못했다는 죄책감이 마음을 무겁게 누르며, 뒤늦은 후회가 다시 살아났다. 조문객들이 떠난 자리를 정리하다 말고, 구석에 숨어 눈물을 토해냈다. 그 순간, 나는 죄인 같았다. 그 사실은 오랫동안 내 마음속에 슬픔과 죄책감으로 남았다.

할아버지는 호방하고 정이 많은 분이셨다. 동네 대폿집에서 친구들과 어울리실 때면, 첫 손주인 나를 데리고 가셨다. 겨우 네댓 살이던 내가 산낙지며 방어회를 넙죽넙죽 받아먹으면, 할아버지는 흐뭇한 얼굴로 나를 바라보셨다. 명절이면 마당에 낚시 의자를 깔고 앉아 직접 순대를 만들어 주셨고, 술 한잔 걸치신 날이면 까끌한 수염이 있는 입으로 내 볼에 뽀뽀를 해대시곤 했다. 그 따뜻한 기억들은 그림책 속 장면처럼 선명하게 떠올랐다. 그 기억은 작은 고양이 하나로 다시 내 앞에 찾아왔다.

할아버지를 떠나보낸 어느 날, 설거지를 하다 문득 창밖을 바라보았다. 검은 고양이 한 마리가 조용히 나를 바라보고 있었다. 깊고 맑은 눈빛. 이상하게 마음이 멈춰 섰다. 이후에도 그 고양이는 자주 나타났다. 창문 너머로, 마당에서, 산책길에서. 너무 자주 마주치다 보니 이런 생각이 들었다.

'혹시 할아버지가 고양이로 환생하신 건 아닐까?'

'어딘가에서 여전히 나를 지켜보고 계신 건 아닐까?'

죽음이 끝이 아닐지도 모른다. 어쩌면 그것은 또 다른 연결의 시작일지도 모른다. 육체는 사라졌지만, 그 사람을 향한 그리움과 사랑이 기억 속에 살아 있다면, 그 존재는 결코 사라지지 않는다.

실패의 순간마다 할아버지를 떠올렸다.
"할아버지, 또 실패했어요. 죄송해요. 그래도 다시 해볼게요. 저에게 힘을 주세요."
그리고 성공의 순간마다 속삭이듯 말씀드렸다.
"할아버지, 들리세요? 저 해냈어요."
할아버지를 떠나보낸 지 30년이 넘은 지금, 초등교감 자격증을 받고 발령 대기 중이다. 교감 승진 대상자 지명 공문을 받은 날, 가장 먼저 하늘을 올려다보았다. 할아버지가 내 어깨를 다독이며 웃고 계신 것만 같았다. 살아 계셨다면 아마 동네방네 자랑하셨을 것이다.
"우리 손녀, 교감 선생님이 된다잖아! 대단하지 않나?"
그 모습을 상상하자 웃음이 났고, 그 웃음 안에는 잔잔한 눈물도 함께 섞였다. 지금도 확신한다. 수많은 실패에도 다시 일어설 수 있었던 이유, 기쁨을 깊이 누릴 수 있는 이유는 할아버지가 여전히 내 안에 살아 계시기 때문이다. 그림책 『무릎딱지』는 조용히 속삭인다.
"떠나간 이는 내가 기억하는 한 언제까지나 나와 함께한다."

온 힘을 다해 마음을 연결하자. 그 연결은 죽음도, 시간도, 후회도 갈라놓을 수 없다. 지금도 할아버지와 연결되어 있는 것처럼 말이다. 나의 가족, 친구, 동료, 학생, 학부모 등 나와 인연을 맺은 이들과 마음을 나누고 관계를 이어간다. 함께 추억을 쌓으며 하루하루를 살아가고, 그들의 기억 속에 나 역시 우리 할아버지처럼 따뜻한 사람으로 남기를 바란다. 언젠가 누군가가 나를 떠올릴 때, 이렇게 말해주기를 소망한다.

"아, 그 선생님? 마음이 참 따뜻했어."

그래서 오늘도 나는 연결되어 살아간다. 함께, 여전히.

13

멈춤은 또 다른 나를 만나는 시간

은재롭다

한 달에 한 번 일요일 아침잠을 설친다. 늦잠을 즐기는 일요일 아침의 여유를 이긴 것은 글쓰기 모임이다. 7시 30분에 시작하는 글쓰기 모임이 있는 날이면 6시부터 눈이 떠진다. 씻는 시간과 줌을 켜는 시간을 계산하며 몸을 일으킨다. 여유 있게 준비하기로 마음을 바꾼 순간의 내가 참 좋아지는 시간이다. 잠시 온몸을 비틀어 잠을 깨우고 커피를 내린다. 은은하게 퍼져오는 커피 향을 맡으며 거실 창을 활짝 연다. 아침 공기를 거실로 불러오는 것은 모임을 위한 나만의 작은 의식이다. 노트북을 켜고 음악을 들으며 시작을 기다린다. 7시 30분. 함께하는 회원들의 모습이 하나둘 화면에 들어온다.

한 달 동안의 일상을 가볍게 나누고 시작한다. 30분 동안 이은대 작가의 『일상과 문장 사이』의 한 꼭지를 돌아가며 읽는다. 책의 구조와 작가의 경험을 통해 떠오른 생각을 이야기하고 글감을 잡는다. 글로 담아내고 싶은 경험 또는 생각을 공유한다. 30분 동안 자신의 글을 쓴다. 줌의 소리와 비디오를 끄고 글쓰기에 집중한다. 완성된 글을 화면에 띄우고 글쓴이가 직접 읽는다. 다른 사람들은 청자가 되어 나와는 다른 경험과 생각을 듣는다. 떨리고 긴장되는 순간이지만, 가장 많은 공부가 되는 30분이다. 혼자 읽고 생각하고 쓰던 나에게 무척 귀한 경험이다. 함께 읽고, 글감을 나누고, 쓰고 공유하는 1시간 30분은 내 이야기를 쏟아내기에 충분하다. 마지막 주 일요일 아침, 나는 글 쓰는 사람이 된다.

오늘은 특별한 날이다. 글쓰기 강의를 통해 알게 된 작가와의 만남이 바로 오늘이다. 천안에서 올라오는 작가의 광명역 도착 시간은 6시 5분. 약속 시간보다 일찍 도착인 걸 알면서도 발걸음을 재촉한다. 역사 안의 풍경이 눈에 들어오지 않는다. 마치 다른 세상에 온 듯한 기분이었다. 두근거림을 넘어 떨리기까지 했다. 정말 오랜만에 느껴보는 감정이다. 글쓰기 강의를 진행하는 작가와, 작가를 꿈꾸는 글 친구인 우리는 정기적으로 온라인 모임을 진행 중이다. 얼굴도 목소리도 직업도 아는 사이지만 직접 마주 보며 이야기를 나누는 것은 처음이다. 글을 쓰기 시작하면서 새로운 사람들과의 만남이 자연스럽게 이루어졌다. 글이 아니었다면 만나지 못했을 사람들, 또 다른 세상을 경험하게 되었다. 설렘은 반가움이 되고 편안함이 되었다. 일상부터 글쓰기, 책 쓰기로 확장되는 이야기는 쉴 새 없이 우리를 오갔다. 빠르게 흐르는 시간을 잡고만 싶었다. 짧은 만남은 여운이 쉬이 가시지 않았다. 가족들의 저녁 식사도 잊은 오늘의 여정은 온전히 나만을 위한 시간이었다. 집으로 향하는 발걸음은 가벼웠다. 두근거림을 가득 담았음에도 불구하고 말이다.

> "아, 정말 멋진 날이었어!"
>
> 『핫도그』, 더그 살라티 글·그림, 보물창고

　내 맘이 담긴 문장 하나를 읽고 행복했다. 주인과 산책을 나온 강아지 한 마리. 더위와 도시의 소음에 지쳐갈 때쯤 주인과 바다에서 자연을 만끽하며 휴식의 시간을 갖는다. 일상에서 벗어난 휴식으로 주인과 강아지는 편안해졌다. 가족과 두 딸을 중심에 두고 살아온 나에게 글을 통한 새로운 만남은 휴식이자 위안이다. 삶의 쉼처럼 다가온 작가와의 만남과 아침 글쓰기 모임은 나에게 멋진 날로 기록된다.

　나는 정확한 시간에 퇴근하여 같은 시간에 운행하는 지하철을 타고 내린다. 집에 도착하여 서둘러 운동복으로 갈아입는다. 아파트 내 헬스장에서 40분 러닝머신을 타고 돌아와 저녁을 준비한다. 식사 준비가 마칠 때쯤 남편이 퇴근하고 식사가 시작된다. 일정이 제각각인 두 딸을 위해 하루에 두 번 또는 세 번 저녁을 차린다. 번거롭지만 짜증스럽거나 귀찮지는 않다. 가족 모두의 식사가 마무리되어야 내 마음도 편안해지기 때문이다. 식탁을 정리하고 다시 차려지기 전까지의 자투리 시간은 온전히 나만의 시간이다. 잔잔한 음악이 흐르는 거실 한 편의 식탁에서 좋은 문장을 필사한다. 문장을 통해 깨우친 생각이나 일상을 누리면서 떠오른 생각을 글감으로 글 한 편을 쓰는 시간, 나에게는 무척 소중하다.

매일 글을 쓰고 블로그에 올린다. 문장 필사·일상·서평 등 내 이야기를 쓴다. 글의 결이 비슷한 사람과 서로 이웃을 맺고 글을 공유하며 공감과 댓글로 응원한다. 어제의 나를 떠올리는 글은 위로가 되고, 오늘을 살아내는 글은 나를 성장시킨다. 어느새 글쓰기는 일과가 되었다. 글감이 없다고 고민하는 날에도 쓴다. 고민하는 내가 글감이 되고, 갓 피어난 꽃송이도, 오랜만에 불어오는 바람 한 줄기도 글감이 된다. 매일 쓰는 글로 블로그가 채워지는 만큼 스스로 물음을 갖게 되었다. '이렇게 쓰는 게 맞을까?', '잘 쓰기 위한 방법은 없을까?'하고 말이다. 그때 나의 눈에 띈 것이 바로 책 쓰기·글쓰기 강의다. 조심스레 두드린 문은 나를 새로운 만남과 글 쓰는 사람으로 성장할 기회를 주었다. 한 가정의 아내로, 엄마로 살아가던 나를 글 쓰는 사람, 작가라는 새로운 이름을 갖게 하였다. 일상의 잠시 멈춤은 또 다른 나를 만나게 하는 시간이 되어 가장 멋진 하루를 만들어 주었다.

매일 반복되는 일상에서 단 몇 분이라도 내 시간을 가져보자. 그 시간에 반드시 생산적인 활동을 할 필요는 없다. 빨래를 정리하며 좋아하는 예능을 보고, 음악을 들으며 컬러링 북의 공간을 채우고, 필사 공책에 스티커를 붙이는 소소한 행위에서도 여유를 즐길 수 있다. 자투리 시간 동안 즐거울 수 있는 나만의 시간은 쉼이자 치유가 된다. "열심히 일한 당신 떠나라."라는 광고 문구처럼 "열심히 살아온 당신, 잠시 멈춰라."로 스스로에게 쉼을 주었으면 좋겠다. 반복되는 일상에서의 잠시 멈춤은 오늘을 살아낸 나를 위한 보상이고, 내일을 살아낼 힘이 된다.

14

내가 사라진 줄 알았다
이가경

정신없이 일에 몰두하고 있는데, 어린이집 선생님에게서 전화가 걸려 왔다.

"어머니~ 하준이 김밥이 없어요."

"네?!"

순간, 얼굴이 화끈거렸다. 오늘이 소풍 가는 날이라는 사실을 왜 기억하지 못했을까. 달력에 굵게 표시까지 해놓고 잊어버렸다. 하준이가 많이 기대했을 텐데, 미안한 마음이 커서 어떻게 해야 할지 몰라 얼어붙고 말았다.

나는 유아교육 전공자다. 그래서 '내 아이는 누구보다 잘 키울 수 있다'는 자신감이 있었다. 결혼 후 3년의 기다림 끝에 첫 생명을 품에 안았다. 그날부터 행복은 당연히 이어질 줄 알았다. 그러나 조리원에서 보낸 단 2주가 지나자 모든 것이 무너졌다. 엄마로 살아가는 일은 내가 상상했던 것보다 훨씬 더 버거웠다.

   그럼에도 나는 성장을 멈추지 않았다. 출산 3개월 후 박사학위 논문 계획서를 발표했고, 유아 교육기관을 직접 찾아다니며 필요한 데이터를 수집했다. 새벽에 일어나 세 시간마다 모유 수유를 하고, 틈틈이 쪽잠을 자며 글을 썼다. 그렇게 완성한 논문은 여러 차례 수정을 거쳤고 마침내 최종 심사를 앞둔 날, 뜻밖의 소식을 만났다.

   둘째가 찾아온 것이다. 새 생명은 분명 축복이다. 그러나 마음 한편에서는 출발선에 서기도 전에 실격된 기분이 들었다. 학위를 마치고 이제야 진로를 본격적으로 펼쳐가려던 순간이었기에 그 길은 다시 멀어지는 듯 보였다.

   둘째 출산 이후의 삶은 마치 긴 터널 속에 갇힌 것만 같았다. 첫째 출산 후 몸조리를 제대로 하지 못한 탓인지 걷기도 힘들 만큼 몸은 망가져 있었다. 두 아이 모두 기저귀를 차고 시도 때도 없이 울어댔다. 육아 외엔 아무것도 할 수 없었다. 비슷한 시기에 출산한 박사 동기에게서 연락이 왔다.

   "잘 지내? 난 친정엄마한테 아기 맡기고 강의 가는 길이야."

   그 순간, 정말 부러웠다. 연년생 남매를 외지에서 키우는 나는 남편의 퇴근 시간만 하염없이 기다렸다. 점점 내가 사라지는 기분이 들었고 이내 우울감이 몰려왔다. 누구보다 아이를 잘 키울 수 있으리라 믿었던 이상적 자아. 그리고 쉴 새 없이 밀려오는 일상의 파도를 겨우 버텨내는 현실적 자아 간의 격차는 나를 점점 더 깊은 수렁으로 끌어당겼다.

어김없이 육아가 반복되던 어느 날, 하은이가 책장에서 그림책 『회사 괴물』을 꺼내 와 내 손에 건네주었다. 주인공 예솔이는 엄마가 매일 회사 괴물에게 붙잡혀 늦게 온다고 믿었다. 엄마가 무섭고 힘든 일을 하고 있다고 상상하며 걱정하는 예솔이. 그런데 책 속의 엄마는 이렇게 말했다.

> "예솔이는 노는 거 좋아하지? 엄마도 일하는 거 좋아해."
> ─『회사 괴물』, 조미영 글·조현숙 그림, 주니어김영사

그제야 예솔이는 알았다. 회사는 엄마가 좋아하는 일을 하는 곳이라는 걸. 순간 내 마음이 멈춰 섰다.
'그래, 나도 일을 할 때 살아 있음을 느꼈지….'
아이를 낳기 전까지는 단 한 번도 '내가 사라졌다'는 생각을 해 본 적이 없었다. 하지만 출산 이후 상황은 달라졌다. 특히 둘째를 낳고 난 뒤에는 거의 모든 시간을 돌봄에 쏟아야 했고, 그 과정에서 내 이름으로 불리는 순간은 점점 줄어들었다. 한편으론 그것이 당연하다고 생각했다. 엄마이니까, 아이들이 어리니까 지금은 참고 견뎌야 하는 시

간이라고. 그러나 어느 순간부터 피로보다 더 무거운 감정이 쌓여갔다. 정체성이 흐릿해지고 나만의 시간을 전혀 갖지 못한다는 답답함이 나를 짓눌렀다. 아이에게조차 여유롭게 대하지 못하는 실망감과 남편에 대한 분노는 그 힘듦을 더욱 깊게 했다.

그 시점에서 『회사 괴물』이라는 그림책은 내 사고의 흐름을 잠시 멈추고 다시 점검하게 만든 계기가 되었다. 누군가에게 일은 생계를 위한 수단일 수 있지만 나에게 일은 그 이상이었다. 지식을 나누고, 사람을 성장하게 하며, 교육을 통해 의미를 만들어내는 일이다.

"배워서 남 주자. 사람을 살리기 위해 교육하자. 세상을 어제보다 더 살기 좋은 곳으로 만들자."

이 오랜 신념은 단순한 직업의식을 넘어 내가 왜 일해야 하는지에 대한 분명한 답이었다.

"예솔이는 노는 거 좋아하지? 엄마도 일하는 거 좋아해." 그 한마디는 중요한 통찰을 남겼다. 나는 아이에게 헌신하는 엄마이자 동시에 스스로의 역량을 키워가고 싶은 사람이라는 걸 비로소 깨달았다. 돌이켜보면 출산 이후의 삶은 '엄마'라는 정체성에 전부를 기대고 있었다. 그 역할을 잘 해내야만 괜찮은 사람일 수 있다는 듯이 살았다.

그러나 시간이 갈수록 내가 무너지고 있었던 이유는 그 역할 안에 '나'라는 사람을 충분히 포함시키지 않았기 때문이었다. 그림책 한 줄은 발걸음을 멈추게 했고, 그 멈춤은 오히려 나를 다시 걷게 만드는 시작이 되었다.

"나는 일을 좋아하는 사람이다." 그러나 성장은 어느 날 갑자기 찾아오지 않았다. 하루하루 쌓여가는 마음의 조각들이 나를 단단하게 만들었다. 삶의 한복판에서 내면의 목소리에 귀 기울일 때 다시 일어설 수 있었다. 스스로를 외면하지 않고 받아들이려는 태도가 결국 나를 자라게 했다.

이제는 안다. 육아 때문에 내 삶이 멈춘 것이 아니라, 그 시간을 지나며 더 단단해지고 있었다는 사실을. 내가 어떤 사람인지 다시 돌아보게 한 이 과정은 어쩌면 가장 깊고 조용한 방식의 성장이었는지도 모른다. 그리고 분명한 것이 있다. 엄마가 되었기에 일이 내게 주는 의미도, 교육적 사명도 더욱 깊어질 수 있었다는 사실이다.

삶의 속도가 느려졌다고 해서 성장이 멈춘 건 아니다. 오히려 그 느림 속에서 내면을 더 자주 들여다보며 고유의 색을 지키는 방법을 배워가고 있다. 그렇게 내가 사라진 줄 알았던 시간은 또 다른 나를 빚어내는 선물이었다.

15

흔들려도 괜찮아,
일어서면 돼

이연화

쌀쌀한 냉기가 온몸을 휘감았다. 몸이 움츠러들고 머리가 복잡했다. 아무 생각도, 생각하고 싶지도 않았다. 상황을 떠올리는 것만으로도 지쳐왔다. 괜히 한다고 했나 후회했다. 두려운 기억들, 아픈 상처들을 꺼내야 하는 것이 무서웠다. 그냥 편히 쉬고 싶었다.

정신과 진료를 받길 선택했다. 불면증이 심해져 수면제라도 처방받으려 시작된 진료였다. 첫 번째 진료는 여러 종류의 설문지와 검사지를 작성하는 것으로 마쳤다. 두 번째 진료를 위해 병원을 찾았다. 병원은 한산하고 조용했다. 피아노 연주곡이 병원 안을 가득 채웠다. 부드럽게 흐르는 피아노 연주와는 달리 세포 하나하나에서 긴장감이 느껴졌다. 간호사 선생님이 음료를 건넸다. 향긋한 자스민향이 코를 자극하며 마음을 편안하게 도와주었다. 진료실로 들어가 자리에 앉았다.

"일주일 동안 어떻게 지내셨나요?"

"별다른 일은 없었어요. 산책하고, 멍때리고 약 먹고 자는 게 전부였어요."

"지내면서 어떤 생각이 들었나요?"

"세상에서 온기가 사라진 것 같았어요. 마음 안에 먹구름이 짙게 뒤덮여 있는 듯한 기분이 들었고요. 밖으로 나오는 것도 사람들의 시선이 무섭고 두려웠어요."

상담 선생님은 내 이야기를 상담 일지에 적었다.

"그럼에도 용기를 내셨네요. 대단하세요."

"가족들이 걱정하는 모습 보기가 힘들어서요. 빨리 이겨내고 싶어요."

"그러시군요. 그럼 지금 해보고 싶은 것이 있으실까요?"

상담 선생님의 질문에 당황스러웠다. 다음 진료일까지 하고 싶은 것을 적어 보라고 했다. 아무것도 하고 싶지 않은데 자꾸 적어 보라고 하는 권유가 불편했다.

병원을 나서며 '숙제'라는 말이 마음에 걸렸다. 숙제라고 하니 꼭 해야 할 것 같았다. 한숨만 나왔다.

뭐지? 뭐가 있었지? 무얼 좋아했었지? 생각해 보았지만 아무것도 생각나지 않았다. 머리도 식힐 겸 잠시 쉬어 가려 공원 벤치에 앉았다. 공기는 차가웠지만 볼에 스치는 바람이 좋았다. 눈을 감고 주변의 소리에 귀를 기울여 보았다. 지저귀는 새소리, 아이들의 대화 소리,

자동차 바퀴 소리, 나뭇잎 스치는 소리 덕분인지 마음이 한결 편안하게 느껴졌다. 나뭇가지 사이로 비치는 햇살 사이로 작은 간판이 눈에 들어왔다.

'원종 서점'. 조심스레 문을 열고 계단을 내려갔다. 서점 특유의 잉크 냄새가 코를 자극했다. 편안하고 안정감이 느껴지고, 조용했다. 찬찬히 서점을 둘러보며 진열대에 놓여있는 책들을 살펴보았다. 조그맣고 얇은 책이 눈에 들어왔다. 하늘색 바탕에 깨진 화분, 노란 민들레, 하늘 높이 홀씨를 날리는 표지의 책이었다. 한 장 한 장 조심스레 책을 넘겼다.

> "하늘하늘 날아가도 민들레는 민들레"
> – 『민들레는 민들레』, 김장성 글 · 오현경 그림, 이야기꽃

마음이 울컥하며 눈물이 흘렀다. 멈추려 해도 멈춰지지 않았다. 처음이었다. 소리 내어 울어본 것이….

마음을 달래고 감정을 추스르며 책을 살폈다. 책 장마다 눈물 자국으로 울퉁불퉁 거렸다. 책을 들고 일어서려는데 옆자리에 휴지와 생수가 담긴 컵이 놓여 있었다. 주위를 둘러보니 아무도 없었다. 당혹스러웠다.

'너도 주책이다. 왜 우는 건데, 미친 거 아냐. 작작 좀 해.' 스스로를

다그치며 휴지로 눈물을 닦고, 생수로 목을 축인 다음 계산대로 향했다. 인기척을 느낀 서점 사장님이 계산대 안쪽에서 일어나시며 괜찮냐 물으셨다. 괜찮다고 민폐 끼쳐 죄송하다고 말하며 카드를 건넸다.

"아니에요. 아닙니다. 무슨 일인지 모르겠지만 많이 힘들었나 보네요. 지금은 힘들고 죽을 것 같은데 시간이 지나면 다 괜찮아지더라고요. 힘내세요."

감사 인사를 건네고 책을 품에 안았다. 사장님은 창을 가렸던 블라인드를 올리고, 문을 열어 주시며 조심히 가라고 말했다. 생각지도 못한 민폐였다. 그러다 문득 휴지, 미온수, 가려진 블라인드가 떠올랐다. '나를 배려해 주셨구나, 나도 배려받을 수 있구나.' 사장님의 따스한 마음이 고맙고 감사했다.

무엇이 나의 울음 버튼을 눌렀는지 찾고 싶었다. 그림책을 읽고 또 읽었다. 나에게 생경한 느낌을 준 그림책은 『민들레는 민들레』였다. 작은 창문, 창살 안으로 보이는 이 빠진 화분, 작은 화분에서 자라나 노란 꽃을 피운 민들레, 창살 사이로 홀씨들을 바람에 날려 보내는 모습. 그 모습들이 나를 보는 듯했다. 그 후로 병원을 오가며 서점을 들렀다. 그렇게 그림책은 나를 알아 가는 치유 도구가 되어 주었다. 그림책을 보며 읽고, 생각하고, 울고 웃으며 그림책 속으로의 여행을 시작했다. 길을 걷거나, 산책하면서 만나는 민들레를 관찰했다. 언뜻 보면 똑같아 보이지만, 조금씩 차이가 있었다. 사람들도 동물들도 생김

새와 성격이 다르듯 민들레도 마찬가지였다.

변하고 싶었다. 나는 나를 잘 안다고 생각했다. 그건 착각이었다. 타인 앞에서도 자신감 있게 말할 수 있는 적극적이고 당당한 사람이 되길 바랐다. 나의 장점을 보지 못하고, 다른 사람의 모습을 닮으려 했다. 그러나 이제는 안다. 나의 무지와 욕망 때문이었다는 걸 민들레를 통해 깨달을 수 있었다.

삶을 살아가다 보면 누구나 아픔과 상처를 겪는다. 상처는 몸과 마음을 지치게 하고 포기하게 만든다. 왜 나에게 그런 시련을 주는 건지 원망스럽기도 자책하기도 했다. 하지만 나는 타인이 될 수 없다. 나는 나니까. 그들이 나를 어찌 보든 상관이 없다. 그렇게 나는 민들레를 통해 '진짜 나'를 만날 수 있었다. 있는 그대로의 나를 인정할 수 있게 되었다. 민들레는 눈길이 닿는 곳마다 싹을 틔우고, 꽃을 피운다. 비바람이 불어도 꿋꿋하게 씨를 날린다. 지나가는 사람들의 발길에 짓밟혀도 다시 싹을 틔운다. 민들레를 보며 나도 민들레처럼 살아가고 싶어졌다. 민들레가 민들레답게 살아가듯 나도 나답게 살아가면 된다.

문장에서 삶으로
잠시 숨을 고르며

Step 1. 읽기 어떤 날은 한 문장이 나를 멈춰 세우기도 합니다. 버겁고 무뎌진 하루 속에서 그 문장은 잠시 멈추고 숨 쉬어도 된다고 말해줍니다. 어제와 오늘을 끌어당긴 그 한 문장을, 이제 천천히 들여다볼 시간입니다.

> "모든 것이 버거워지면 감사가 잘 있는지 보러 나가요."
>
> — 『감정 호텔』, 리디아 브란코비치 글·그림, 책읽는곰

1. 어제오늘과 그림책 한 줄을 연결했을 때 어떤 기분이 들었나요?
   (이 문장과 딱 맞는 순간이 있었나요?)

_____

2. 그 이유는 무엇이었나요?

_____

3. 하루를 돌아보면서 위 그림책 문장을 제목 삼아 나의 생각을 문장으로 남겨 볼까요?

_____

2장

움직이게 한 문장, 다시 내딛다

멈춰 섰던 마음을 다시 움직인 건
단 한 줄의 위로였다.
그림책은 조용히 등을 밀어주듯,
내 삶의 방향을 조금 바꾸어 놓았다.

1

지금도 잘하고 있어,
이미 충분히

강화정

"엄마, 간질여 주세요."

"지금 언니 저녁 차려줘야 해."

"엄마, 간질여 주세요."

"솔이야, 잠깐만 기다려줘."

그 이후에도 딸은 꼭 묻는다. "엄마, 화났어?", "아니야, 화 안 났어." 같은 질문과 같은 대답이 끝없이 이어진다. 이미 여러 번 정성껏 대답했는데도 아이는 다시 묻는다. 잠들기 직전까지도 같은 말이 이어진다. 자폐 아이들은 불안할 때 같은 말을 반복한다는 사실을 잘 알고 있다. 그러나 같은 질문을 수십 번 듣는 것은 예상보다 큰 인내가 필요했다. 처음 몇 번은 웃으며 대답했지만, 열 번째쯤에는 내 목소리 끝이 조금 갈라졌다. 아이는 그 작은 떨림을 느끼고도 다시 물었다. 작은 손가락을 꼼지락거리며 내 눈치를 살피는 표정을 보면, '내 대답이 성의 없어서 불안을 키운 건 아닐까?' 하고 자책이 몰려왔다.

순간 거울에 비친 내 모습은 퀭한 눈과 흐트러진 머리뿐이다. "언제까지 들어야 하는 걸까? 언제 멈출까?" 한숨 섞인 말이 절로 흘러나왔다. 밤이면 부엌 불만 켜둔 채 식탁에 앉아 낮 동안 아이가 짜증 냈던 상황과 내가 놓친 웃음을 하나하나 떠올린다. 오늘 일정이 너무 벅찼던 건 아닌지, 혹은 내 불안이 아이에게 고스란히 전해진 건 아닌지 스스로 다그친다. 그러나 아침이 오면 다시 다짐한다. "오늘은 아이와 더 오래 웃어야지."

감정 카드를 펼쳐 보여주며 "이건 기쁜 표정, 이건 속상한 표정."이라고 말하며 짚어 준다. 모래시계를 세워 기다리는 연습을 시키며, 하루 일정을 그림으로 그려 알려 줬다. 하지만 아이는 카드를 힐끗 보고 고개를 획 돌려버린다. 순간 눈물이 차올랐다. 노력해도 닿지 않는 벽 앞에 선 듯, 답답함이 밀려왔다.

그때 우연히 펼친 그림책 속 한 문장이 눈에 들어왔다.

> "그래. 하지만 우리가 얼마나 많이 왔는지도 뒤돌아봐."
> — 『소년과 두더지와 여우와 말』, 찰리 맥커시 글·그림, 상상의힘

그동안 앞만 보며 달려오느라, 우리가 이미 걸어온 길을 돌아보지 못했다는 사실을 깨달았다.

네 살 겨울, '자폐'라는 단어를 처음 들었을 때, 내 삶은 정지 버튼을 누른 듯했다. 어디서부터 시작해야 할지 막막했지만, 하루라도 빨리 개입해야 한다는 절박함에 병원을 전전하며 검사와 치료 일정을 빼곡히 채웠다. 그러나 그 시간 속에서도 아이는 자라났다. 그때 아이는 아직 단어 수준조차 제대로 말하지 못했다. 나는 아이가 원하는 것을 표현할 수 있도록, 아이가 좋아하는 물건과 음식, 활동을 모두 사진 카드로 만들어 냉장고에 붙여 두었다. 아이가 원할 때 카드를 집어서 내게 건네면 그에 맞는 것을 주겠다고 가르쳤다. 이 과정은 단순히 요구를 들어주는 것이 아니라, 언어로 자기 의사를 표현하기 전에 카드라는 매개를 통해 '의사 표현'의 의미를 알려주는 중요한 훈련이었다.

하지만 아이는 여전히 손을 뻗으며 힘으로 냉장고를 열고 싶어 했다. 나는 늘 냉장고 앞을 막으며 "카드를 골라서 보여줘."라고 말했다. 아이는 순간 혼란스러워하며 손을 머뭇거렸다. 그러던 어느 날, 아이가 처음으로 요구르트 카드를 들고 왔다. 작은 손이 카드를 내게 내미는 모습, 조심스레 눈빛을 맞추며 기다렸던 모습이 아직도 눈에 선하다. 그 사소한 행동 하나가 내게는 눈물 나도록 고마운 선물이었다.

엘리베이터를 탈 때면, 아이는 늘 다른 사람에게 관심이 없었다. 혼자 빙글빙글 돌거나 갑자기 소리를 내곤 했기에, 나는 아이가 다른 사람과 부딪치지 않도록 안거나 팔로 둘러싸곤 했다. 그런데 어느 날, 엘리베이터 안에서 유모차에 탄 아기를 한참 바라보던 아이가 갑자기 씽긋 웃더니, 유모차를 잡고 아기 아빠에게 말했다.

"아저씨, 어디 살아요?"

매일 인사를 먼저 건네도 대답이 없던 아이, 늘 사람들에게 관심 없어 보이던 아이가 스스로 말을 건넨 것이다. 아기 아빠도 깜짝 놀라 반가운 듯 대답했다.

"너희 집 위에 살아. 14층."

남들에게는 아무렇지 않은 짧은 대화였을지 모르지만, 내게는 기적 같은 순간이었다. 늘 물으면 기계적으로 답만 하던 아이가 처음으로 타인에게 먼저 말을 건넨 것이었기 때문이다. 그날의 놀라움과 기쁨은 이루 말할 수 없었다.

하지만 요즘 나는 그 순간들을 잊고 있었다. 아이의 반복된 말을 들으며 답답함에 사로잡혀, '왜 또 이러지? 왜 나아지지 않는 거지?'라는 불평만 키우고 있었다. 휴대전화 앨범을 열었다. 아이가 처음 "엄마!"라고 부르며 활짝 웃던 얼굴, 작은 손에 휴지를 쥐고 혼자 화장실에서 나오던 모습, 숟가락을 꼭 쥐고 밥알을 흘리지 않으려 집중하던 손가락. 사진을 보여주자, 아이는 내 얼굴을 바라보며 조용히 말했다.

"엄마, 웃어."

그 순간 나는 크게 웃었다. 아이도 따라 웃으며 내 품으로 파고들었다. 작은 체온이 전해졌다. 변화는 이미 우리 안에 쌓이고 있었고 그 자체가 성장이었던 거다. 나는 아이에게 조용히 속삭였다.

"응, 엄마 웃을게. 솔이 지금도 잘하고 있어."

나는 조금씩 달라지려 노력하고 있다.

아이가 같은 말을 반복해도 무조건 멈추게 하지 않으려고 한다. 불안 속에서 확인받고 싶어 하는 그 마음을 이해하며, 차분히 포옹으로 감싸준다. 때로는 긴 설명보다 짧은 "엄마, 옆에 있을게."라는 말과 따뜻한 품이 아이에게 더 큰 위로가 된다. 아이가 원하는 것은 완벽한 답이 아니라, 부모가 곁에 있다는 확신일 것이다. 아이의 작은 손이 내 손을 꼭 잡거나 눈빛으로 내 마음을 살피는 순간마다, 나는 이미 충분히 우리가 연결되어 있음을 느낀다. 그 연결이 곧 아이에게 안정과 힘이 될 것이다. 앞으로 나아가는 것도 중요하지만, 때로는 걸음을 멈추고 지나온 길을 돌아보려고 한다. 길 위에는 수많은 결정, 기다림, 눈물, 그리고 다시 일어선 순간들이 놓여 있다. 우리는 이미 많은 길을 걸어왔고, 아이는 매 순간 조금씩 자라왔다.

지치고 무너지는 날들이 많았다. 하지만 다시 일어나 아이 곁에서 걸음을 맞추는 그 자체로 충분히 잘하고 있다고 생각한다. 아이를 키운다는 것은 아이의 눈부신 성장만을 기다리는 일이 아니라, 엄마인 나 역시 함께 변화하며 단단해지는 길임을 깨닫게 되었다. 아이가 "엄마, 웃어."라고 속삭이던 그 순간, 내가 아이를 키운 것이 아니라 오히려 아이가 내 삶을 지탱해 주고 있음을 알았다.

이제 나는 앞만 보지 않고, 우리가 얼마나 멀리 왔는지도 천천히 돌아보려 한다. 사진첩 속 웃는 얼굴, 작은 성취를 보여주던 순간, 엘리베이터에서 처음 건넨 인사까지. 그 모든 순간이 우리를 이어주고 있다. 우리는 이미 충분히 잘해왔고, 지금도 잘하고 있다. 오늘도 나는 아이와 웃으며 또 한 걸음을 내디딘다.

2

예쁨 하나,
다시 살아갈 힘 하나

김미애

> "예쁜 것을 보면 기분이 좋다는 걸 그때 처음 알았어."
>
> — 『내가 예쁘다고?』, 황인찬 글 · 이명애 그림, 봄볕

"내가 예쁘다고?"

나도 한때는 꾸미는 것을 좋아했다. 철마다 유행한다는 새 옷을 샀다. 높은 하이힐을 신고, 화려한 액세서리, 진한 화장, 향수도 뿌리는 여자였다. 하지만 결혼과 출산을 겪으며 가꾸고 즐기던 삶이 사라졌다. 소중한 아이들을 돌보고 깐깐한 남편과 치열하게 살다 보니 자신은 잊고 살았다. '내가 좋아하는 게 뭐였더라?' 결혼 전에는 웃음도 많았는데 지금은 왜 웃음이 사라졌을까? 화장기 없이 시커멓게 탄 얼굴, 얼굴에 자리 잡은 기미, 미간에 선명하게 그어진 주름, 맞는 옷이 없는 불어난 몸. 거울 속의 모습이 초라해 보였다. 거울을 볼 때마다

낯선 내가 어색하고 싫었다. 스스로 행복하다고 느끼기보다는 버티는 삶을 살아가고 있었다. 해야만 할 일의 목록들이 머릿속에 가득했고 그 일을 해야만 살아갈 수 있었다. 엄마, 아내, 며느리로 사는 삶은 누구도 대신 할 수 없는 일이라 믿었고 참아야 한다고 생각했다. 거울 속 모습은 늘 피곤했고, 식탁 위의 밥상은 허기를 때우는 수단이었다. 창밖에 보이는 풍경은 의미 없는 그림일 뿐이었다. 누구도 잘하고 있다고, 고생 많다고 말하지 않았다. 당연히 해야 할 일을 더 잘 해내지 못한다고 비난했고 스스로 자책하면서 살았다. 시간이 지나고 보니 그 시절의 내 모습도 소중한 순간이었다.

짝이 건넨 "되게 예쁘다."라는 말 한마디에 설레어 자신이 예쁘다고 착각했던 그림책 속 아이. 그 마음이 번져 온 세상이 예쁘다고 느껴졌다. 행복했던 아이는 짝이 자기가 아닌 창밖의 벚꽃을 보며 예쁘다는 의미로 말했음을 알게 되었을 때 크게 실망했다. 하지만 활짝 핀 벚꽃나무 아래에서 "예쁜 것을 보면 기분이 좋아진다는 것을 그때 처음 알았어." 하며 환한 표정을 짓는다. 나는 머리를 한 대 맞은듯했다. 무미건조한 삶 속에서 자신을 예쁘다고 소중히 여기고 있었나? 예쁜 것을 보면서 감탄했던 적이 언제였던가? 아름다운 것을 보는 법을 잊고 산 건 언제부터였을까? 여유도 없이 삶을 견디느라 눈을 감고 귀를 막고 있던 건 아닐까?

그날 이후, 나는 결심했다. '예쁜 것을 매일 하나씩 찾아보자. 하루를 소중히 여기자.' 흔히 보이는 주변 풍경에서 아름다운 것 찾기 미션을 시작했다. 아침에 지저귀는 새소리에 잠이 깰 때, 아침 햇살의 금빛이 예쁘다는 걸 처음 알았다. 탐스럽게 활짝 핀 하얀 목련이 어둠 속에서 밝게 빛나는 불빛같이 보였다. 아이 손을 끌며 재빨리 걷던 길가에 핀 노란 민들레가 연약해 보이지만 누구보다 씩씩하고 사랑스럽다는 걸 느꼈다. 숨을 몰아쉬며 힘들게 올랐던 산의 정상에서 땀범벅이 된 몸에 시원하게 불어오는 바람의 소중함을 깨달았다. 두 아들과 남편의 새근새근 잠든 모습이 아름답고 한없이 사랑스러웠다. 편의점 앞에서 느긋한 낮잠을 즐기는 고양이의 한가함이 부럽고 행복해 보였다. 가족과 함께 좁은 소파에서 서로 몸을 부딪치며, 낄낄대는 텔레비전 시청 시간도 눈물 나게 고마운 순간이었다. 어깨동무하고 걸어가는 남편과 아들의 뒷모습도 다정해 보였다.

예쁜 것을 찾다 보니 내 마음도 환해졌다. 그건 기분 좋은 산들바람 같았고 나를 향한 다정한 인사 같았다. 예쁜 것들로 가득 찬 일상이 달라졌다. 하루하루 힘겹게 '버티는 삶'이 아닌 행복을 '느끼는 삶'으로 바뀌었다. 감정의 결이 달라졌다. 예쁘다고 느낀 순간 감사하게 되고, 감사하면서 더 부드러운 사람이 되었다. '오늘도 어떻게든 살아냈다.'라는 피로감보다 '오늘도 예쁜 게 있어서 다행이다.'라는 위로가 나를 안아줬다. 아름다움을 느낀 순간들이 쌓여 나의 삶을 행복하게 만들었다.

하루를 '해야 할 일'로 받아들이지 않고 사소하지만 '기분 좋아지는 일'로 가득하게 만들기 시작했다. 출근길에 멈추어진 도로 위에서 지각할까 봐 애 닳기보다는 지친 몸과 마음에 위안을 줄 수 있는 음악을 많이 들을 수 있어 다행이라고 생각하기 시작했다. 절기마다, 계절마다, 주어진 날들에만 누릴 수 있는 먹거리, 볼거리, 즐길 거리인 '제철 행복'을 찾아다니면서부터 나이가 들어가고 시간이 흘러가는 것이 더 이상 슬프게 느껴지지 않았다. 이 철이 지나가면 또다시 아름다운 꽃이 피고 맛있는 먹거리가 나올 것을 알기에 시간이 흘러가는 것이 기대된다. 기다릴 만한 미래가 생겼고 과거조차 의미 있게 다가왔다. 이 순간 내가 보고 느껴야 할 자연과 사람들, 삶의 이벤트를 즐기기 시작하니 매 순간이 축제 같았다. 예쁜 것들을 찾고 감사히 여겼던 작은 실천들이 나를 조금씩 행복한 사람, 다른 사람들이 부러워하는 삶을 사는 사람으로 이끌었다.

한때는 거울 속의 아름답지 않은 내가 초라하고 창피하다고 느꼈던 적이 있었다. 하지만 지금은 그 힘든 순간에 최선을 다해 살아왔던 자신이 그 누구보다 예쁘고 기특하다. 거울 속의 나는 세상 그 누구보다 아름답다. 예쁘게 차려입지 않아도 화장하지 않아도 충분히 예쁘다.

예쁜 것을 본다는 건 단지 겉모습을 즐기는 일이 아니었다. 그건 나를 회복시키는 언어였고 마음의 결을 고르는 방식이었다. 아름다움을 느낄 수 있는 사람은 상처 속에서도 다시 걸어갈 수 있다. 고통 속에서도 밥맛의 달콤함을 느낄 수 있는 사람은 다시 힘을 내어 살아갈 수 있다.

"예쁜 것을 보면 기분이 좋아져. 그게 삶을 다시 걷게 만드는 힘이야."
 이제는 안다. 그 힘은 거창한 변화나 특별한 순간에서만 오는 것이 아니라 매일의 작은 발견 속에 숨어 있다는 것을. 오늘도 나는 예쁜 것 하나를 가슴에 품고, 다시 웃으며 걸어간다.

3

당신은 최고의 작품입니다
김선호

 딸 도하는 가정 어린이집을 다녔다. 한 반에는 늘 네다섯 명이 넘지 않았기에, 도하는 그 안에서 마음껏 어린이집을 활보하고 다녔다. 다섯 살이 되어 유치원에 입학하면서 도하의 골목대장 놀이는 끝이 나게 되었다. 왜냐하면 유치원에서는 한 반에 스무 명이 넘는 친구들과 함께해야 하기에, 마음대로 할 수 있는 것이 단 하나도 없었기 때문이다. 서로 다른 성격의 친구들이 뒤섞여 크고 작은 다툼 가운데 도하가 끼어버리게 된 것이다. 함께 놀이를 하다가도 한 친구는 울음이 터져 속상해하고, 다른 한 친구는 갑자기 뜻대로 되지 않아 화를 내기도 하니 어느 장단에 맞춰야 할지 몰라 답답했다. 그렇게 온종일 친구들의 눈치를 보다가 정작 자신은 제대로 놀지도 못하는 하루하루가 반복되었다.

유치원 생활에 적응하던 3월의 저녁 시간은 그야말로 전쟁터였다. 하루 내내 스트레스를 받았던 딸은 신경이 날카로워져 집에만 오면 기본 세 시간은 울어댔다. 그냥 우는 것도 아니고 대성통곡을 하며 짜증과 서러움을 토해냈다. 어제는 식탁의 숟가락이 비뚤어져 있다고, 오늘은 로션을 너무 많이 발랐다는 이유로 상한 마음을 울음으로 표현했다. 한참을 울며불며 난리를 피우던 딸은 부르짖듯이 말했다.

"어떻게 해야 할지 모르겠어요! 나도 진정하고 싶은데, 이 삐쭉삐쭉한 마음이 없어지질 않아요!"

자신의 마음 상태가 '삐쭉삐쭉'하다는 것을 알고 있지만, 이를 어떻게 해소해야 할지를 몰라 더욱 짜증과 울음이 나는 상태. 어떤 감정인지 너무 잘 알 수 있었다. 내가 그렇기 때문이다. 아주 작은 일로 인해 불쑥 짜증이 나곤 하는데, 아무 일도 아닌 것에 짜증을 내고 있는 자신의 모습을 보면서 더욱 짜증이 나는 악순환이 반복된다. 아내는 아무 말 없이 딸을 꼬옥 안아주며 스스로 진정할 수 있도록 도와주었다. 딸의 울음이 어느 정도 멈추자, 아내는 딸에게 조용하게 말했다.

"도하는 최고의 작품이야. 최고의 작품 안에는 최고의 것들이 들어있어. 지금 마음속에 무엇이 들어있지? '짜증'이라고? '짜증'은 최고의 것이 아닐 것 같은데? 한 번 '짜증'을 밀어내고, 무엇으로 채워볼까?"

어디에선가 들어 본 것 같다는 생각이 들었지만, 훌쩍거리는 딸을 먼저 달래기로 했다. 그러다가 문득 머릿속을 스치는 한 장면이 있었다. 2018년, 결혼하기 몇 달 전 아내가 나에게 해주었던 말이었다.

"어?!"
- 우당탕탕탕!

여느 때와 마찬가지로 2교시 수업을 마치고 교무실로 돌아가려고 계단을 내려가고 있었다. 갑자기 눈앞이 깜깜해지더니 몸이 앞으로 쏠리기 시작했다. 그대로 정신을 잃고 계단에서 굴러떨어졌다. 정신을 차려보니, 빈 교실 한편에 누워있었다. 119 구급 대원들은 이것저것을 물었지만, 어지러워 제대로 대답을 할 수가 없었다. 처음이었다. 30여 년을 넘게 살아오면서 건강 하나만큼은 자부했었는데, 갑자기 이렇게 정신을 잃고 쓰러지다니 당황스러웠다. 심지어 아무 전조증상조차 없었다. 일어나 보려 했지만, 한 걸음도 내디딜 수가 없었다. 발걸음을 떼는 순간마다 롤러코스터를 탄 듯 세상이 빙글빙글 돌았다. 가까운 병원으로 이송되어 각종 검사를 받았다. 검사 결과는 원인 미상의 뇌신경 조직 문제였다. 뇌의 신경 조직이 눌리면서 어지러움을 유발한 것 같다는 진단이었다. 당장 급하게 수술을 요하는 긴급한 상황은 아니지만, 어지러움 증상이 계속될 경우 상급 병원에서 정밀 검사를 받아보라고 하였다.

검사를 받고 집으로 돌아가려고 병원 문을 나섰지만, 몇 걸음 채 걷지도 못하고 그대로 주저앉고 말았다. 한참을 앉아 있다가 핸드폰을 꺼내 들어보니 부재중 전화가 수십 통이 와있었다. 여자 친구였다. 오전부터 연락이 되지 않자 걱정이 되어 계속 전화를 했던 모양이다. 전화를 걸어 상황을 설명한 후, 애써 괜찮다는 말을 건네고 택시를 타고 간신히 집으로 돌아왔다. 옷도 갈아입지 못하고 그대로 거실 바닥에 누워버린 그 순간, 한 가지 생각이 떠올랐다.

'이대로 괜찮은 걸까? 아니, 이 결혼 해도 되는 걸까?'

당시 나는 결혼을 4개월 정도 앞두고 있었다. 이렇게 걷지도 못할 정도의 건강 상태로 결혼해도 괜찮을지 걱정이 앞섰다. 평생 가족에게 부담을 주며 살아야 하는 것이라면, 차라리 혼자 사는 것이 낫지 않을까 하는 생각까지 들었다. 누워있던 몇 시간 동안 온갖 망상에 젖어 있었다. 그 순간, 벨이 울리더니 누군가 문을 열고 들어왔다. 여자 친구였다. 초보 운전이었던 여자 친구는 내가 걱정되어 그 힘난한 퇴근 시간에 운전하여 나를 보러 온 것이다. 계단에서 굴러 온몸이 멍투성이인 채로 바닥에 누워있던 나를 본 여자 친구는 침착하게 나를 부축하여 침대에 눕혀 주었다. 그러고는 죽을 데워 먹여주었다. 고맙고 미안한 마음이 들면서도 여자 친구에게 짐이 되는 것 같아 너무 마음이 불편하고 짜증이 났다.

시간이 지나면서 천천히 걸으면 그런대로 참을만했지만, 어지러움은 여전히 나를 괴롭혔다. 24시간 내내 어지러움에 시달리다 보니, 몸과 마음이 너무 지쳐버렸다. 그러다 보니 이전에는 웃어넘길 수 있었던 작은 일에도 쉽게 짜증과 불평불만이 끊이질 않았다. 커피를 주문한 지 10분이 지나도 울리지 않는 진동벨을 보면서 화가 들끓어 오르고, 지나가는 사람의 미미한 향수 향까지 나를 미치게 만들었다. 내 안에 가득한 짜증의 화살은 가장 가깝고 많은 시간을 보내게 되는 여자 친구에게로 향했다. 날카로운 어투와 표정으로 말하고 있는 나 스스로를 보면서 이렇게 대답할 수밖에 없었나 싶어 또 자신에게 화가 나는 악순환이 계속되었다. 아무렇지 않다고 말은 하지만, 짜증이 가득한 표정으로 앉아 있는 나를 보며 여자 친구는 조용히 말했다.

"자기는 진짜 최고의 작품이에요. 그런데 나도 최고의 작품이에요. 그러니 우리 서로에게 최고의 것들만 선물하기로 해요. 나도 자기에게 최고의 것을 주려 노력할게요."

> "너도 최고의 작품으로 만드시는 중이야. 알지?"
> – 『너는 최고의 작품이란다』, 맥스 루케이도 글 · 글루웍스 애니메이션 그림, 두란노서원

우리 모두는 이 세상에 단 하나밖에 없는 최고의 작품이다. 전 여자 친구이자 현 아내와 함께하며, 오늘도 모든 사람이 귀한 존재이자 최

고의 작품임을 깨닫고 배워가고 있다. 때로는 내 눈앞에 있는 상대방 역시 귀한 존재라는 사실을 까맣게 잊고, 모진 말과 행동으로 상처를 주기도 한다. 그리고 어쩔 수 없는 상황에 자책하며 스스로를 채찍질하고 힐난할 때도 있다. 그럴 때마다 그림책 한 줄을 통해 나 자신과 내 곁에 있는 모든 사람이 최고의 작품이라는 것을 명심하고자 노력하고 있다. 누군가를 최고의 작품으로 바라보고 상대할 때, 비로소 나의 마음도 최고의 것으로 채워지고 최고의 작품으로 거듭날 수 있다.

우리 모두를 최고의 작품으로 만들어 주심에 감사하며, 내면에 있는 최고의 것이 나의 입술과 행동으로 드러날 수 있기를 기대해 본다. 더 나아가 우리 모두가 최고의 작품임을 기억하며, 서로 더욱 아끼고 사랑할 수 있는 오늘이 되기를 소망해 본다.

4

문밖에 두려움이 있다면?
김효정

　대학생 때의 일이다. 나는 1층 기숙사에서 살았다. 어느 여름날, 열어두었던 창문을 닫기 위해 창가로 다가서다 낯선 인영을 보았다. 너무 놀랐다. 창문을 '쾅' 닫고, 소리 지르는 것도, 경비실에 달려가는 것도, 아무것도 하지 못한 채 그렇게 한참 동안 손잡이만 잡고 덜덜 떨고 있었다. 마음이 진정되고 나서야 슬쩍 창문을 열어보았다. 그곳에는 아무것도 없었다. 그제야 안심이 되었다. 대부분 창문밖에는 익숙한 모습밖에 없겠지만, 그 이후로 나는 창문에 걸쇠를 잠근 채로 생활했다. 집이 바뀌고 나서야 다시 창문을 열어두었다.

　우리는 매일 문을 드나든다. 문밖에는 무엇이 있을지 사실 별로 생각하지 않는다. 보통은 목적이 있기에 나간다. 택배 물건을 찾든, 직장을 가든 나름의 목적을 갖고 문을 연다. 그러나 문밖에 두려움이 있다면 어떻게 해야 할까?

몇 해 전 친구와 함께 리우데자네이루에 여행한 적이 있다. 비행기 표를 너무 일찍 예매한 바람에 돌아가는 항공편이 취소된 것을 몰랐다. 공항에 도착해 보니 표가 취소돼 있었고, 우리는 우여곡절 끝에 항공사에서 제공하는 호텔에서 하루 더 묵게 되었다. 리우는 세계적인 여행지이지만, 범죄로 악명 높은 곳이기도 하다. 우리 호텔은 센트로라고 하는 시내 중심가에 있었고, 그곳은 치안이 매우 위험한 곳이었다. 친구와 나는 잠시 고민했다. 우연히 하루 더 묵게 되었는데 그대로 호텔 방에 있을 것인지 시내를 구경할 것인지. 친구와 나는 호텔에서 아주 가까운 곳에 있는 메트로폴리탄 대성당에 가기로 했다. 하지만 센트로에는 호텔 회전문을 미는 것도 두렵게 만드는 엄청난 기운이 있었다. 그 기운에 압도당한 우리는 결국 호텔 문을 열지 못했다.

대신 데스크로 가서 택시를 불러 달라고 했다. 이 택시가 어디로 갈지, 어떤 사람이 몰지 등 안전이 보장되지 않았기에 지나가는 택시를 잡기도 두려웠다. 택시를 타고 대성당으로 갔다. 택시는 신기하게도 정문을 지나 성당 입구까지 우리를 데려다주었다. 대성당 정문에도 총을 든 경찰이 있었고, 입구에도 있었다. 구경을 마치고 우리는 타고 온 택시로, 호텔로 돌아가지 않고 우리가 지냈던 코파카바나 해변으로 갔다.

이동하는 중간에 10대로 보이는 여학생 두 명이 신호를 기다리는 우리 차 창문을 마구 두드렸다. 친구는 얼른 그 아이들을 차에 태워 주었다. 아이들은 흥분한 채 친구와 이야기했다. 나는 대화를 거의 알아들을 수 없었지만, 창문을 두드리며 외쳤던 "Socorro!"는 알아들었다. 우리말로 "살려주세요!"라는 뜻이다. 친구가 설명해 주는데, 오토바이 강도가 칼을 들이대며, 있는 돈을 다 달라고 해서 도망쳤다는 것이다. 한 명은 이곳에 사는 아이였고, 다른 한 명은 캐나다에 사는데 놀러 왔다고 했다. 아이들을 빨간 타일로 유명한 에스칼라톤 세라론(Escadaria Selarón)에서 내려준 후 우리는 코파카바나로 이동했다. 해변에 앉아서 그날도 높디높은 파도를 보며 늦은 오후를 즐겼다.

두려움은 각성도가 높고, 부정적인 감정이다. 온몸이 덜덜 떨릴 정도로 반응 강도가 세다. 그러나 지속시간은 짧다. 두려움 이후, 사람들은 '그래서'와 '그래도' 중 하나를 선택한다. 두려워서 피할 것인가, 두려워도 이겨낼 것인가를. 대학생 때의 나는 두려워서 가만히 있었다. 덜덜 떨며 아무것도 하지 못한 채로 창문 손잡이만 잡고서 말이다. 그 이후로 불편해도 창문에 걸쇠를 걸고 생활했다. 브라질에서 나는 두려워도 여행을 계속했다. 중간에 만났던 아이들도 마찬가지다. 경찰서에 가든지 집으로 갈 것 같은데 아이들은 신나게 뛰어서 에스칼라톤 세라론으로 갔다. 우리도 마찬가지로 호텔로 돌아가지 않고 코파카바나로 갔다. 우리가 너무 겁이 없었던 걸까?

아니다. 겁이 없었던 것이 아니다. 오히려 우리는 겁이 많았다. 아

나이스 닌(Anaïs Nin)은 "우리의 인생은 우리가 가진 용기의 크기만큼 확장된다."라고 말했다. 두렵지만 용기를 내었기에 두려움에 대한 '그래도'를 만들어 낼 수 있었다. 생명에 위협을 느낄 만큼 두려웠지만 용기를 내어 대성당을 관람했고, 해변에서 브라질 여행에서의 마지막 날을 즐겼다.

두려움도 소중한 감정이다. 두려움이 없다면 위험한 상황임에도 무모한 행동으로 큰 손해를 보거나, 자타의 생명을 위험에 처하도록 만들 것이다. 두려움이 있었기에 무모하지 않았다. 두려웠기에 대비를 하고, 안전을 도모하며 목적한 바를 이룰 수 있었다. 내가 리우 시내에서 호텔에서 택시를 불러 이동했다는 것과 타고 온 택시를 보내지 않고 돈을 더 줄 테니 기다려 달라고 했다는 점에서 그렇다. 리우에서 그나마 안전한 곳인 코파카바나에서 주로 여행했다는 점도 마찬가지다. 두려움이 덕분에 우리는 안전하게 여행을 즐길 수 있었다. 실제로 내가 아는 한 아이는 필리핀 배낭여행을 가서, 누가 준 음료수를 마시고 모든 것을 잃고 돌아왔다. 다들 살아서 돌아온 것만도 다행이라고 입을 모았다.

필요한 것은 두려울 때 내는 용기이다. 두려움이 지속되어 부정적 기분에 내 삶이 갇히지 않도록, 두려워도 '그래도' 해낼 수 있도록 용기가 필요하다. 나는 파라과이에 파견되어 3년을 그곳에서 일한 적이 있다. 외국에 일하는 것은 내 버킷리스트의 일부였지만 막상 지원서를 내려고 하니 망설여졌다. 그래도 용기를 내었다. 파견교사로 결국 선발되었다.

파라과이는 치안이 좋지 못한 곳이다. 오토바이 강도가 많아 길에서는 휴대전화 확인도 못 한다. 한동안 자동차를 가지고 계신 교장 선생님이 나를 학교까지 데려가셨고 다시 집으로 데려다주셨다. 처음에는 모든 것이 낯설고 두려웠지만 나는 적응해 나갔다. 친구도 사귀었고, 자동차를 사서 이곳저곳을 여행하며 파라과이에서의 시간을 즐겼다. 파라과이에 가는 것이 두려워서 포기했다면 나는 여전히 버킷리스트만 보고 있을 것이다. 다음에는, 언젠가는 하면서.

삶은 두려움의 연속이다. 때로는 두려워서 피해야 할 일도 있다. 감당하지 못할 두려움은 피하는 것이 맞다. 그렇기에 무모함과 용기는 반드시 구별되어야 한다. 두려움은 위험에 대한 해결책을 갖추고 행동하게 한다. 두려워서 피하기만 한다면 나는 아무것도 하지 못할 것이고 삶을 즐기지 못할 것이다. 그래서 나는 용기를 내기로 했다. '두려워도' 용기를 내보기로. 그러다 두려움에 직면한다면 그때 다시 용기를 내어 해결책을 찾으면 된다.

> "이 문제는 또 어떻게 풀지?"
> ─ 『문밖에 사자가 있다』, 윤아해 글 · 조원희 그림, 뜨인돌어린이

티 나지 않지만 성장 중

문미영

> "어제도 자랐고 오늘도 자라고 있어. 너는 멈추지 않았어."
> ―『오늘도 자라고 있어, 너답게』, 송진설 글·그림, 단풍노을

그림책을 읽으면서 갑자기 힘든 과거가 떠올랐다. 난임을 겪으며 주변의 인간관계를 정리했다. 우선 애 엄마나 임산부들로부터 거리를 두었다. 가끔 만나면 아이의 육아 고충이나 고민 등을 이야기하는 걸 듣고 있는 게 힘들었다. 나를 배려하지 않는 지인들을 만나는 시간과 체력이 아까웠다. 정리하고 비워진 자리를 책 읽고 글 쓰고 자기 계발을 열심히 하는 사람들로 채워 넣었다. SNS도 마찬가지였다. 육아 계정을 운영하는 사람들을 싹 다 끊어냈다. 그 이후로는 인스타그램이나 블로그에서 육아 피드를 보지 않아도 되었다. 육아 피드만 보고 있으니 눈의 피로도와 감정 소모가 많아 힘들었는데 정리하고 나니 한

결 편해졌다. 육아 피드를 올리는 사람들이 보이지 않았을 뿐인데 행복해졌다. 마음의 여유도 생겼다. 감정도 오르락내리락하지 않았다. 남편에게도 부탁했다. 혹시 주변에서 임신이나 출산, 돌잔치 소식이 들려오더라도 나에게 이야기하지 말아 달라고.

결혼하고 난임을 겪으면서 자존감과 자신감은 지하까지 내려갔다. 나보다 앞서 나가는 사람들만 보였다. 각자 자기 분야에서 이름을 알리는 사람들과 끊임없이 비교하며 나를 갉아먹고 괴롭혔다. 다른 사람들은 괴롭히지도 않았는데 말이다. 임신하기 전부터 무너질 위기였다. 자존감을 높이고 자신감을 키우기 위한 해결책이 필요했다. 어떻게 하면 좋을지 고민하다가 '차라리 몸이라도 바쁘게 움직이고, 규칙적인 생활을 해보자.'라는 생각을 했다.

30대 초반이 되어서야 여러 회사에 이력서와 자기소개서를 제출했다. 이전의 경력을 인정받아 괜찮은 월급을 받으며 근무하기 시작했다. 회사 일로 인한 또 다른 스트레스를 받았지만 난임 스트레스에 비하면 참을 만했다.

어느 순간 회사 사람들만 만나다 보니 자기 계발과 독서를 하고 싶다는 욕심이 생겼다. 하지만 20대 때 이후로 독서와 멀어져 있었던지라 신선한 자극제를 찾아다녔다. 독서를 좋아하는 사람이 만든 '인독기'라는 인스타그램 독서 모임에 가입했다. 처음에는 인증을 올려야 하니 책을 읽기 시작했다. 읽다 보니 습관이 길러져 4년 넘게 꾸준히 독서를 하고 있다.

독서를 좋아하고 책 출간 경험이 있는 작가들의 피드를 보면서 자극 받기 시작했다. 작가들의 고난이나 위기, 힘들었던 점을 솔직하게 털어놓은 에세이를 읽으면서 많은 위로도 받았다. 에세이를 읽으면서 '나 또한 난임 시술로 많이 힘들었는데 이걸 글로 써서 내 이름으로 된 책을 내 볼까?'라는 욕심도 생겼다. '책은 특별하거나 유명한 사람만 출간하는 게 아니라 평범한 사람도 충분히 책을 낼 자격이 있어. 책을 내면 특별한 사람이 되는 거지!'라는 확신도 들었다. 하지만 책을 내 본 경험이 없어서 혼자 하기에는 부담스러웠다.

바로 그때, 서평단으로 알게 된 백작 코치의 무료 특강을 신청했다. 무료 특강을 들으니 강의도 잘하시고 신뢰가 생겼다. 그렇게 책 쓰기 수강생으로 등록했다. 백작 코치의 수강생이 되면서 신뢰가 애정으로 변했다. 코치의 추진력과 실행력, 당근과 채찍 전략이 나와 너무나도 잘 맞았다. 결이 비슷한 사람끼리 회원으로 모여 강의를 듣고 글도 쓰고 공저 출간을 하면서 점점 나를 알리게 되었다.

독서에서 멈추지 않고 글을 쓰는 실행으로 옮기니 나의 인생은 변하기 시작했다. 다른 사람들에게 용기와 희망을 주기 위해 글을 쓰고 책도 출간했다. 2024년에 공저 두 권을 시작으로, 개인 저서(난임 에세이)를 출간하고 2025년 상반기에 무려 네 권의 공저를 추가로 선보였다. 이 글을 쓰면서 네 권의 공저를 또 펴냈고, 하반기에도 공저 출간이 계획되어 있다. 그렇게 어제도, 오늘도 멈추지 않고 성장하고 있다.

실제로 인풋(독서)으로만 그치지 않고 아웃풋(책 출간)까지 하다 보니 자존감이 높아지고, 나 자신을 더 사랑하고 아껴주게 된다. 책 출간을 한 이후로 지인들이 나를 부러워하거나 동기부여를 얻었다는 말을 한다. 나의 승승장구해 나가는 모습을 보고 지인 두 명이 '백작 책쓰기 클래스'에 등록했다. 수강생은 아니지만 공저자로 함께하게 된 지인도 있다. 또 다른 작가는 김민 작가가 운영하는 '필책클럽 3기-출근' 공저 작가 모집에도 신청했다.

몇 년 사이에 많이 성장한 나의 모습을 보고 대단하고 멋있다 해주는 사람도 생겼고 "나도 같이 해보고 싶은데 정보 좀 알려 달라."는 사람도 많아졌다. 책이 출간되었다는 소식을 전했을 때 기꺼이 지갑을 열어주는 고마운 팬과 독자도 생겼다. 인스타그램과 스레드 등 소셜미디어의 팔로우도 많이 늘어났다. 힘들었던 시기를 겪고 나 자신을 치유하려는 목적으로 선택했던 글쓰기가 정말 나를 살려주었다. 책 출간 작가들이나 책을 좋아하는 애독가들 위주로 만나면서 많이 배웠다.

정체되어 보이지만 그렇게 조금씩 성장해 나가고 있다. 나 자신을 낮추고, 다른 사람을 시기 질투하며 자존감을 갉아먹던 내가 이제는 다른 사람에게 부러움의 대상이 되었다. 그냥 꾸준하게 계속 읽고 썼다. 1년에 100~250권까지 계속 읽고 또 읽었다. 서평단 활동을 하면서 책을 많이 읽었고, 매일 글쓰기 프로그램에 참여하여 300일을 썼더니 글 쓰는 습관도 생겼다. 작가는 독서를 많이 하고, 글도 꾸준히 써야 한다. 글을 잘 쓰는 비법은 없다. 다양한 책을 많이 읽고 좋은 책 필사도 하며 내 문체로 만들어야 한다. 글도 계속 쓰는 연습을 하다 보면 자연스럽고 매끄럽게 쓰게 된다. 공저를 포함하여 책을 출간했음에도 불구하고 아직도 내 글이 부족함을 느낀다. 연습하기 위해 지금도 매일 글을 쓰고 있다. 그림책에 나온 구절처럼 오늘도 자라기 위해 노력하고 있다.

물론 나보다 훨씬 글도 잘 쓰고 잘 나가는 사람들이 많다. 하지만 그들과 비교하면 끝이 없다. 굳이 왜 그런 사람들과 비교하면서 자존감을 낮추고 체력을 낭비하는 것인가. 어제의 자신과 비교하며 부족했던 부분은 채워 넣고, 잘했던 부분은 보상하거나 칭찬하면서 자신감을 키워야 한다. '나를 사랑하지 않는 사람은 남도 사랑할 수 없다.'라는 글귀가 있다. 내가 우선이다. 나를 사랑하고 가꾸고 성장해야 다른 사람을 사랑할 수 있다.

꽃도 다 피고 지는 시기가 다르듯이 사람도 성장하는 때가 다르다. 다른 사람이 앞서나간다고 조급해하지 말자. 포기하지 않고 꾸준히 하다 보면 분명 빛을 발하는 시기가 온다. "어제도 자랐고 오늘도 자라고 있어. 이 글을 보는 당신도 멈추지 않았어." 지금도 충분히 열심히 살아온 당신, 재능과 장점을 가꾸고 살리면 더 빛나는 보석이 될 수 있다. 남과 비교하지 말고 어제의 자신과 비교하여 실력을 가꾸어 나가자.

책과 서점,
행복을 채우다

문순천

> "무엇이 너를 행복하게 해줄까?"
>
> – 『42가지 마음의 색깔』, 크리스티나 누녜스 페레이라, 라파엘 발카르셀 글 ·
> 가브리엘라 티에리 외 21인 그림, 레드스톤

'무엇이 나를 행복하게 해줄까?' 늘 나 자신에게 던지는 질문이다. 그 답을 찾기 위해 걸어온 길 끝에, 나는 지금 그리다책방 대표로 서 있다. 어린 시절부터 책은 내게 가장 친한 친구였다. 마음이 어지러울 때면 홀린 듯 서점으로 향했고, 끝없이 펼쳐진 책들과 특유의 종이 냄새, 고요한 분위기 속에서 위안을 얻었다. 책을 고르는 행위뿐만 아니라, 그저 서점 안을 거닐며 책 제목을 훑어보는 것만으로도 보물찾기 게임을 하는 듯한 설렘을 느꼈다. 이 소중한 경험을 혼자 간직하고 싶지 않았다. 내가 책을 통해 얻었던 행복과 위로를 다른 사람들과 나누고 싶었고, 나의 보물창고였던 서점을 이제는 모두의 보물창고로 만들기로 결심했다.

 책과 그림은 내게 오랜 시간 위로와 영감을 준 소중한 친구였다. 보고 싶은 그림이 있으면 먼 갤러리까지 찾아다녔고, 책이 그리울 때면 서점으로 향하는 것이 일상이었다. 그러다 문득, 이 두 가지를 함께 즐길 수 있는 공간을 만들면 어떨까 생각했다. 잠시 일상에서 벗어나 힐링하고 싶은 이들에게 아늑한 분위기를 느낄 수 있는 곳, 책방 곳곳에 직접 그린 작품들과 표지가 예쁜 책들을 비치하여 작은 갤러리에 온 듯한 기분을 선사하고 싶었다. 그렇게 문을 연 그리다책방은 단순히 책을 판매하는 곳이 아니라, 책과 그림이 어우러진 감성 공간이 되었다.

 책방을 열고 가장 크게 달라진 점은, 나의 행복이 더 이상 '나'만의 것이 아니게 되었다는 것이다. 과거에는 책과 서점이 내게 행복을 주었다면, 이제는 이곳을 찾는 사람들의 행복한 얼굴을 보는 것이 나의 새로운 기쁨이 되었다. 책방을 운영하며 가장 큰 보람을 느꼈던 순간은 바로, 내가 기획한 독서 모임을 통해 누군가의 삶에 변화가 일어났다는 이야기를 들었을 때다. 좋은 글과 그림을 함께 공유하고 공감할 때, 훨씬 다채로운 감상을 나눌 수 있다는 믿음이 현실화 되는 순간들이 나를 계속 나아가게 만드는 원동력이 된다.

그중에서도 가장 기억에 남는 일화는 '영어 원서 읽기 독서 모임'에서 시작되었다. 영어로 된 텍스트를 꾸준히 접하고 싶은 사람들을 위해 만든 이 모임은 생각보다 큰 변화를 만들어냈다. 모임의 한 회원은 삶에 대한 깊은 회의와 무력감을 느끼고 있던 중, 새로운 활력소를 찾고 싶어 용기를 내어 책방 문을 두드렸다고 한다. 처음에는 낯선 공간과 사람들에 조금은 경직된 표정이었지만, 책을 읽고 서로의 생각을 나누면서 조금씩 마음을 열어갔다. 우리가 함께 읽었던 책은 미치 앨봄의 『모리와 함께한 화요일』이었다. 이 책은 삶의 마지막을 앞둔 모리 교수의 이야기가 담겨 있다. 책 속에서 모리 교수가 던진 "나는 살고 싶다."는 한마디는 그 회원에게 깊은 울림을 주었다. 단순히 책 속의 문장이 아니라, 삶의 의미를 잃고 헤매던 자신의 진짜 목소리를 듣게 된 것이다. 그날 모임이 끝나고 며칠 뒤, 그리다책방 네이버 카페에 긴 후기 글이 올라왔다. 글을 쓴 이는 다름 아닌 그 회원이었다.

"겉으로는 모두가 부러워하는 삶을 살고 있었지만, 마음속 깊은 곳에서는 삶의 의미를 잃고 방향을 헤매고 있었습니다. 삶에 대한 깊은 회의와 무력감으로 괴로워하고 있었어요. 하지만 그리다책방 독서 모임에서 만난 책 속의 문장 하나로 길을 찾았고, 스스로를 사랑하는 법, 자신의 가치를 회복하는 법을 깨닫게 되었습니다. '결국 사랑이 이기겠죠.'라는 모리 교수의 마지막 말처럼, 삶을 향한 따뜻한 희망을 다시 품게 되었습니다."

누군가의 삶에 내가 차린 이 작은 공간이 이토록 깊은 의미가 될 줄은 몰랐다. 그 참가자의 후기처럼, 모임을 통해 인생의 변화를 경험했다는 이야기는 정말 가슴을 벅차게 한다. 잊고 지냈던 꿈을 다시 꾸게 되었다는 사람, 마음의 위로를 얻었다는 사람들의 이야기를 들을 때면 이 공간을 만든 것에 대한 보람을 느낀다.

물론 책방을 운영하는 일이 쉽지만은 않다. 하지만 낡은 형광등 불빛마저 좋아해 주는 손님들의 따뜻한 마음에 힘입어, 그리다책방은 오늘도 문을 활짝 열고 방문자를 기다린다. 며칠 전, 블로그에 썼던 과거 글을 보다가 한 손님과의 만남을 기록한 글을 다시 보게 됐다. 손님은 우연히 책방에 들어와 이야기를 나눈 것만으로도 힐링이 되었다며 밝아진 마음으로 돌아간다고 말했다. 그런데 얼마 후, 출강하는 도서관 그림책 만들기 수업에서 그 손님을 다시 만났다. "안녕하세요. 혹시 저 기억하세요? 예전에 그리다책방에 간 적이 있어요."라고 말하는 순간, 나도 기억이 났다. 짧은 만남이었지만 서로에게 좋은 기억으로 남아있었다는 사실이 반갑고 따뜻했다. 이렇게 시간이 흘러 우연히 다시 만나는 인연은 참 신기하고 소중하다는 것을 새삼 깨달았다. 그날의 만남이 나와 그 손님 모두에게 행복한 기억으로 남아있었다는 사실에 즐거웠다.

어느 주말 오후, 그리다책방은 따뜻한 이야기꽃을 피우며 특별한 손님들로 북적였다. 대전은 물론 멀리 창원, 김해, 안산 등 다양한 지역에서 활동하는 작가님들이 한자리에 모여 서로의 작품 세계를 공유하고, 출판에 대한 생생한 이야기를 나눴다. 책을 사랑하는 마음으로 모인 이들의 열정적인 에너지가 책방을 가득 채웠다. 이렇게 자신의 이야기를 풀어내는 사람들의 모습을 볼 때면, 나는 이 공간이 내가 꿈꾸던 모습 그대로 커가고 있음을 느낀다.

행복을 느끼는 순간은 사람마다 다르다. 나에게는 책과 그림이 그랬듯, 누구나 자신만의 '힐링 키워드'가 있을 것이다. 그것이 뜨거운 커피 한 잔일 수도 있고, 고요한 숲길을 걷는 시간일 수도 있다. 스스로에게 "무엇이 너를 행복하게 해줄까?"라는 질문을 던지고, 그에 대한 나만의 답을 찾아보는 것. 그 과정 자체가 삶을 풍요롭게 하는 행복의 시작이 아닐까. 타인의 삶에 작은 빛을 드리운 이 공간이, 결국 '무엇이 나를 행복하게 하는가?'라는 질문에 대한 가장 아름다운 대답이라는 것을 깨닫는다. 나의 책방이, 그 행복을 찾는 여정의 작은 이정표가 되기를 바란다.

7

책은 쌓는 게 아니라
살아내는 것
백작

책 구매는 나의 덕후 생활이다. 3월부터 7월까지 매주 월요일 두 시간씩 1, 2학년 대상으로 '그림책 활동' 강의를 했다. 한 시간에 4만 원씩 강사비도 받았다. 매월 추가로 들어오는 강사비로 내가 보고 싶은 책을 샀다. 3월에는 50만 원어치 예산으로 그림책을 구매했다. 9월부터 사용할 수 있는 그림책도 50만 원 구매 완료다. 예산에 맞추느라 책을 장바구니에 넣었다 뺐다 반복했다.

2005년부터 그림책을 사랑한 나는, 이번에도 좋아하는 마음으로 하면 강의를 잘할 줄 알았다. 아니었다. 월요일마다 진이 빠졌다. 목소리도 나오지 않았다. 그 시간 동안 라이팅 코치인 나를 위해 책 읽고 글 쓰는 게 오히려 생산적이라는 판단이 섰다. 마침 나 대신 강의하려는 강사가 나타났다. 강의를 그만둔다는 생각에 내 표정이 밝아졌다. 한 가지 아쉬운 점이 생겼다. 하반기 50만 원어치 총 서른여덟 권의 그림책을 다음 강사에게 전부 다 주어야 한다는 점이다. 먼저 책을 배송받아서 만지작거렸다. 배송 완료 사진도 찍고 표지도 한 권씩 따로 찍었다. 다 새 책이다. 한 권 뒤표지가 살짝 찍혀서 안타까웠지만 반품 교환을 하면 이 책은 버려질 게 뻔하다. 그냥 보기로 했다.

"강사님! 강의를 넘겨드릴 수 있어서 감사해요. 저는 안 하고 싶었거든요. 그런데 책 서른여덟 권 드리려고 하니 너무 아쉬워요."

후임 강사는 수업 마친 후 다시 책을 돌려주겠다고 했다. 어떻게 될지는 모르겠지만 우선은 마음이 편안해졌다. 그냥 내 돈으로 서른여덟 권 똑같이 구매할까 싶은 충동도 있었지만 지름신 오는 걸 무사히 넘겼다.

옷을 사러 가지 않는다. 검은 옷 위주로 대충 입는다. 옷 사야 할 땐 손이 떨린다. 고민하다가 옷 가게에 두고 오기 십상이다. 시어머니가 동네에서 얻어 준 옷을 잘 걸치고 다닌다. 시어머니는 생활비 아끼라고 애써주시지만, 난 구매한 책을 꽂아두고 좋아했다. 전집이 들어올 때 설렜다. 내 아이가 읽을 책이라고 구매했지만 나를 위한 선물처럼 느껴졌다. 돈 없어도 빚으로 책을 샀다. 병이었다.

전집은 여전히 깨끗했다. 라벨스티커를 붙여두고 구매 날짜와 아이들 독서 반응 적어둔 메모가 있어서 중고 판매는 쉽지 않았다. 사실 팔 생각도 없었다. 임대아파트에 살면서 공간이 좁아지니, 재활용으로 내어 버렸다. 내 책을 누가 주워가는 것이 배가 아팠다. 나는 옷 안 사

입고 저축도 안 하고 산 책을, 다른 사람은 쉽게 가져가는 것 같았다.

  독서교육 강의 나갈 땐 이렇게 주장하는 편이다. 독서교육의 목적은 평생 독자를 만드는 것, 서점 플래티넘 등급 만드는 것. 그런데 나는 좀 심하다. 그림책 강의하지 않을 때도 매달 몇십만 원어치 책을 샀다. 덕분에 서점마다 회원 등급도 높다. 더 이상 안 되겠다 싶어서 6월부터는 책 가계부를 만들어서 책값 지출 내역을 확인하며 자제하고 있다.

> "지혜는 머리와 마음속에 넣어야 해."
> ─ 『피튜니아, 공부를 시작하다』 로저 뒤바쟁 글·그림, 시공주니어

  나한테 하는 소리 같았다. 피튜니아처럼 책을 들고만 다니는 게 아니라, 읽어야 한다. 작가이자 라이팅 코치인 나에게 책 읽기는 생존이다.

  내가 책을 읽기 위해 활용한 방법이 있다. 독서 모임 참여하기와 모임 만들기다.

  첫째, 독서 모임에 참여한다. 시스템이 잘 되어 있는 '부산큰솔나비'에 들어갔다. 김해 장유에서 새벽 5시엔 나가야 한다. 그래서 월 1회만이라도 가보자 작정하고 참가 신청서를 냈다. 돈을 걸어야 마음이 흐지부지되지 않을 거란 생각으로 연회비 12만 원도 냈다. 2년 째 나비 모임에 가고 있다. 놓치지 않고 꾸준히 가는 게 목표다. 시스템도 배우고 사람도 익힌다. 서로 다른 사람들끼리 책으로 소통한다. 토론

3원칙 덕분이겠지. 비방 안 하기, 논쟁 안 하기, 설득 안 하기!

둘째, 독서 모임을 만든다. 리더가 되면 무조건 읽고 참여해야 하므로 나름 배수진을 친 거다. 독서 포럼 장유 나비, 온라인 백작 나비, 동화책 수다, 글빛글빛 그림책, 백작 책 쓰기 정규과정 대상 서평 쓰는 독서 모임 백작 천무, 김해 장유 이웃 대상 백작 천무. 총 여섯 개다.

장유나비는 '부산큰솔나비' 회장 부부에게 강의 듣고 월 2회 모임을 시작했다. 분가했다는 말이 맞을 것 같다. 두 명에서 네 명 사이로 모인다. 온라인 백작 나비는 백작 오픈 채팅방에 있는 작가들 대상으로 카톡 채팅창 안에서 본 것, 들은 것, 적용할 것 세 가지 나눔을 하는 곳이다. 두 달에 한 번 온라인 줌에서 만난다. 현재 다섯 명이 함께하고 있다. 동화책 수다도 다섯 명이 회원이다. 월 한 권의 동화책을 읽고 말 그대로 수다 나누는 시간이다. '글빛글빛 그림책' 모임은 1년 반 지난 장수 모임이다. 월 2회 그림책 읽고 몇 줄 쓰기 위해 줌에서 만난다. '서평 쓰는 독서 모임 천무' 온라인, 오프라인 각각 한 권씩 읽고 서평 작성을 한다.

매일 할 수 있는 이벤트가 없을까 생각하다가 주 4회 밤 11시 11분에 줌 접속해서 각자 독서하는 '올빼미 독서 클럽'을 만들었다. 줌 호스트니까 읽어야 한다. 리더니까 완독이 기본이다. 내가 완독해야 다른 회원들의 말에 덧붙여 안내할 수 있다.

피튜니아처럼 깨달아간다. 책은 구매하고 택배 기다리는 용도가 아니라는 걸. 책 내용을 머리에 넣고 나눔으로써 가슴에도 저장해야 한다. 나처럼 읽어야 할 책이 쌓여 있는 분들에게 독서 모임 만들기를 제안한다. 꾸준히 홍보하면 한 명은 지원군이 나타날 거다. 혼자 모임 장소에 가서 책을 읽어도 된다. 둘이든 셋이든 꾸준하게 모임을 운영하면 된다.

책 소유에 대한 생각도 달라졌다. 내 책을 필요한 사람이 가져가면 다행한 일이다. 선물할 책 저자 사인도 포스트잇에 해서 전달한다. 포스트잇만 떼면 또 다른 누군가에게 상태 좋은 책으로 전달할 수 있을 것 같아서다.

그림책 서른여덟 권 중에 서른네 권은 그림책 강사에게 전부 다 보냈다. 네 권을 내가 활용하기로 했다. 다행이다. 강사가 챙겨간 서른네 권이 나중에 내게 돌아오지 않는다고 해서 요구할 수 없다. 아쉽지 않다. 책 택배 뜯고 강사에게 전달하기 위해서 먼저 내가 다 읽어냈기 때문이다.

이제는 삶에 적용하기 위해서 책을 읽는다. 한 줄이라도 더 읽자. 11시가 넘었다. '올빼미 독서 클럽'용 줌 링크를 보낸다.

8

실수는 또 다른 시작
신지은

　첫째 아들이 태어났다. 기다리던 아기를 만난 기쁨, 몸으로 느껴지는 고통조차 모를 만큼 행복했다. 하루는 간호사가 병실에 찾아와서 말했다. "다른 산모들은 통증 줄여주는 수액 버튼을 수시로 누르는데 한 번도 안 누르는 엄마는 처음 봐요." 괜찮냐는 눈빛으로 이야기했다. 내심 '다른 사람이 보면 신기할 수도 있겠구나!' 싶었다. 출산하고 걸을 수 있게 되니 두세 시간마다 신생아 간호사실에서 수유하러 오라고 전화가 왔다. 병원마다 한창 모유 수유 캠페인을 많이 할 때라 적극적으로 권했다. 다른 엄마들보다 통증에 둔해서 그런지 수유하러 가는 게 별로 아프지 않았다. 수유실에 가니 자연스레 다른 엄마들과 같이 이야기를 나누는 게 일상이었다.

　엄마들의 대화 주제는 비슷했다. 퇴원하면 어느 산후조리원으로 가는지가 첫 번째 수다가 됐다. 난 가고 싶어도 갈 수 없는 처지라 엄마들의 대화에 낄 수 없었다. 즐겁게 웃으며 하는 대화에 들어가지 못하는 자신이 왠지 초라하게 느껴졌다. 수유실에 갈 때마다 그놈의 조리원 어디 가는지는 왜 그렇게 궁금한 걸까. 자존심이 센 성격도 아니었는데 돈 200만 원이 없어서 조리원에 못 간다는 말은 죽어도 하기 싫었다. 나한테는 석 달 생활비가 다른 사람들은 몸조리 비용으로 낼 수 있다는 사실에 한숨만 나왔다. 처음에는 질투 정도의 작은 마음이 더 큰 부정적인 감정을 불러왔고, 알 수 없는 자격지심만 남은 채 집에 돌아왔다.

'조리원에 못 가면 어때. 나도 산후도우미는 쓰니까 괜찮아.'라며 마음을 다독였다. 다행히 아들은 퇴원하고 집에 와서도 얌전한 순둥이였다. 잘 먹이고 기저귀만 잘 갈아주면 손도 파닥파닥 흔들며 잘 놀았다. 그러나 퇴원 이후, 같이 있게 된 산후도우미가 첫날부터 밥할 때 외에 아기 옆에만 앉아 있었다. 아기를 목욕시키고 나면 욕실 정리도 제대로 되지 않았고, 청소기를 돌리고 나면 아기 옆에만 있으려 했다. 어물쩍 넘기려는 행동에 며칠 동안 참다가 집안일에 좀 더 신경 써달라고 말했다. 도우미는 그 말이 듣기 싫었는지 바로 반박했다. "그럼 이렇게 해요. 난 오늘까지만 하고 그만할 테니까 계좌로 3일 일한 거 입금해 주세요. 그럼 됐지요?" 당당하게 말하더니 다음 날부터 오지 않았다.

몸조리가 제대로 되지 않은 상태로 온종일 집안일과 씨름하며 아기를 돌봤다. 도와달라고 말할 수 있는 사람도 없었다. 누구에게도 퉁명스럽게 말할 생각은 없었는데 현실로 부딪힌 상황이 어려웠다. 수유와 집안일, 아기 돌보기에 지친 마음을 남편에게 투정이 부리고 싶었는데 입은 다른 말이 나왔다. 집에 조금 일찍 와주면 안 되냐, 빨래 너는 것만 도와달라, 벗은 양말이라도 빨래통에 똑바로 넣어달라는 잔소리가 끊이지 않았다. 몸이 힘드니 짜증 섞인 찌푸린 표정이 그대로 드러났다. 반찬도 없이 미역국에 밥을 말아서 마시다시피 먹고, 아기가 낮잠 자는 시간에도 쉬지 못하고 집안일에 시달린 몸이 극에 달했다. 결국, 갓난아기 앞에서 남편한테 쌓여 있던 불만과 험한 말을 쏟아붙였다. 매일 회사 일에 시달려서 몸이 피곤한 건 남편도 마찬가지였는데 내 몸이 힘드니 생각지 못했다.

난임으로 어렵게 생긴 아기를 앞에 두고 남편과 소리를 빽빽 지르고 나쁜 말을 섞어가며 싸웠다. 아기를 가질 때의 난임 과정과 임신의 기쁨은 머릿속에서 이미 사라지고 없었다. 남들 다 가는 조리원도 가보지 못하고 고스란히 모든 부담을 떠안은 사실만 짜증 났다. 다 싫다며 갓난아기도 두고 무작정 집을 나왔지만, 딱히 갈만한 곳도 속마음을 터놓고 말할 사람도 없었다. 슬리퍼를 신고 걷다가 눈에 보인 조그마한 놀이터 그네에 앉아 서럽게 울었다. 한참을 앉아서 훌쩍이고 있는데 남편이 아이를 안고 찾아왔다. 아기가 배가 고픈지 울길래 분유를 먹이고 안고 걷다 보니 잠들었다며 얼굴을 보여줬다. 남편 품에 안겨 잠들어 있는 아기의 얼굴을 보고 나서야 창피해졌다.

몸이 힘들다는 이유로 남편과 소리 지르며 싸우는 모습을 보여준 게 미안했다. 혼자만 힘들다는 생각에 빠져 그동안 어떻게 살았는지는 까맣게 잊어버렸다. 아이를 가지겠다고 미친 듯이 한약을 먹었으면서. 시험관 시술로 어렵게 와준 쌍둥이를 잃고 친정엄마 앞에서 펑펑 울었으면서. 축복처럼 와준 아기를 앞에 두고 '엄마'라는 사람이 뭘 하고 있었던 걸까.

새근새근 잠든 아기 모습을 보고서야 내 투정이 얼마나 바보 같은 행동이었는지 알았다. 내가 엄마라는 사실도 화내며 소리를 지르는 순간에는 모두 잊어버렸다. 힘들게 찾아와준 소중한 아기 앞에서 몸이 고단하다는 이유로 감정에만 치우쳤던 커다란 실수였다.

> "실수는 시작이기도 해요"
> – 『아름다운 실수』, 코리나 루켄 글·그림, 나는별

6년 만에 가진 아기였고 난임의 상처도 적지 않았다. 아기 얼굴을 보며 '다른 엄마보다 먼저 아기와 함께하고 있으니 행복한 일이다.'라고 마음을 다잡았다. 지금부터라도 정신 차려야겠다고 다짐했다. 살면서 서로에게 상처 주지 않고 산다는 건 많은 배려가 있어야 한다는

걸 알았다. 아기한테 예쁜 것만 보여줘도 모자라는 소중한 순간을 소리 지르고 싸우며 후회하는 시간으로 남기고 싶지 않았다. 내 몸이 지쳤다는 걸 핑계로 다른 사람에게 화풀이하는 어리석은 실수는 하지 말자. 힘들고 짜증스러운 마음을 버리고 나니 남편을 바라보는 눈도 달라졌다. 꼬여있던 생각을 바꾸고 나니 아기의 천진난만한 모습이 보였다. 자그마한 손과 발을 꼬물거리며 엄마를 바라보는 배냇짓이 사랑스러워졌다. 현재 상황을 받아들이고 사는 공간에 만족하며 웃는 법을 배웠다.

조리원에 가면 아기를 돌봐주니 몸은 편하게 쉴 수 있었을지도 모른다. 산후 프로그램도 참여하고 아기 엄마들도 사귈 수 있으니 좋은 점도 많았겠지. 그저 비용이 부담스럽다며 가지 못했던 상황이 서러웠다. 조리원에 가지 않은 대신 일찍 내 품에서 아기와 만나고 돌보는 길을 선택한 거로 생각하면 된다. 조리원 가는 비용으로 맛있는 거 사 먹으면 되지. 아이 옷 한 벌 더 사면 그것도 소소하지만 확실한 행복이었다. 살면서 자신에게 중요한 게 무엇인지 깨닫는 과정을 자연스럽게 받아들이는 자세도 필요했다. 크든 작든 누구나 실수를 한다. 그 실수를 깨닫고 상황에 맞게 대처하며 받아들이는 마음도 필요하다. 동시에 자신의 마음을 잘 들여다보고 현명하게 바꿔 갈 수 있는 시작점이 된다는 걸 알았다.

9

45년 만에 발견한
나만의 무기

쓰꾸미

"회원님은 뭘 잘하시나요? 전문성을 가지신 건 없나요?"

 2025년 6월 말, 비즈니스 PT를 시작했다. 5년 전에 유튜브 '신사임당' 채널을 좋아했다. 부자가 되고 싶다는 욕심 때문에 자주 보던 영상이었다. 40대 중반. 내 남은 인생을 회사만 바라보기에는 위험하다. 불안이 추가 수입원을 만들어야 한다고 부추겼다. 주변 사람들 핸드폰에 유튜브는 대부분 설치되어 있다. 유튜브를 이용해서 사업을 할 수 있다는 광고에 매료되어 시작했다. 첫 영상 강의를 듣고, 내가 어디에 있는지 이해했다. 회사에서는 일을 잘게 나누어 효과적으로 운영한다. 반대로 내 손으로 일의 처음부터 끝까지 해본 경험은 없다. 이공계를 졸업하고 발전소 시운전(試運轉, commissioning) 분야에서 18년 동안 일했다. 마케팅, 화법, 대본 작성, 영상 제작, 판매, 단가 조사, 시장 조사. 회사에서 다른 팀에서 자주 등장하였지만, 나와는 큰 인연이 없는 단어인 줄 알았다.

　유튜브에 내가 좋아하는 것을 영상으로 만들면서 하나씩 올리다 보면, 좋아하는 사람들이 모일 것으로 생각했다. 그리고 내 영상을 좋아하는 사람들이 좋아할 만한 물건을 팔면 될 줄 알았다. 마치 케빈 켈리의 '1,000 True Fans'처럼 진정한 팬, 1,000명만 만들면 해결된다고. 유명한 유튜버의 구독자는 '100만' 명이니 '1,000'이라는 숫자가 쉬워 보였다. 하지만 첫 수업을 하자마자 꿈을 깨라는 팩트가 날아왔다. 수강생 3,000명 중에 그렇게 성공한 사람은 0.1%도 안 된다고 했다. 반대로 해야 한다. 남들이 좋아하고 상품성이 있는 것을 팔아야 한다며, 나에게 무슨 장점이 있는지 첫 만남에서 물었다. 잠시 생각이 멈추었다. 그리고 질문에 대한 답을 생각했다.
　갑갑했다. 45년 동안 내가 무엇을 좋아하는지 모르고 지냈다. 남들 앞에서 자랑스럽게 무엇을 잘한다고 말할 수 있을지 생각해 보았지만 쉽게 떠오르지 않았다. 아들이나 딸에게는 좋아하는 것을 찾고, 그걸 하면서 살면 된다고 저녁을 먹으며 잔소리했던 모습이 창피했다. 나는 회사 다니고 있으니깐, 이 잔소리로부터 면죄부가 있는 줄 알았다. 아니었다. 회사를 벗어나는 순간 내가 할 수 있는 게 없다는 사실을 마주하니 겁이 났다.

　수업을 마치고 집으로 돌아와 책상에 앉았다. 책상 위에 A4 종이 세장, 샤프, 지우개, 볼펜, 형광펜을 꺼냈다. 흰 종이를 반 접고, 또 반 접고, 다시 반 접어서 16등분을 했다. 칸마다 내가 잘하는 사항을 쓰려고 샤프를 들었다. 거실에서 선풍기 돌아가는 소리만 들린다. 한 칸도 채우지 못했다. 다른 한 종이를 꺼내서 똑같이 접어서 좋아하는 것을 쓰기 시작했다. 없으면 죽을 것 같다고 생각할 정도로 필수적인 아이템을 쓰려했다. 선풍기가 돌아가는 소리가 더 크게 들렸다.

시간만 보내는 것 같아 몸을 움직여 보기로 했다. 새롭게 다시 채우기 위해서 먼저 해야 할 일은 주변을 비우기였다. 정리의 기준은 단순했다. 물건을 만졌을 때 설렘이 없으면 비우기로 했다.

신발장으로 갔다. 내 신발을 다 꺼냈다. 설레지 않는 신발이나, 최근 6개월 동안 꺼내지 않은 신발을 한쪽으로 모아서 정리했다. 요즘 회사에서는 자율 복장으로 바뀌어 구두를 신지 않는다. 결혼식과 같은 예의를 차려야 하는 자리에 신고 갈 구두 한 켤레를 빼고 비웠다. 그리고 운동화 중에서도 신지 않은 뉴발란스와 나이키 러닝화도 비웠다. 신발 깔창이 다 달았지만, 겉은 멀쩡해서 버리기 아까운 신발도 빼냈다. 신발을 보면서, 1년이 넘는 시간 동안 꾸준하게 달렸다는 사실을 발견했다. 정리하다 말고, 내가 좋아하는 사항에 '러닝'이라는 단어를 썼다. 그렇게 하나 발견했다.

옷장으로 이동했다. 옷을 다 꺼내었다. 지금은 73kg을 유지하고 있지만, 예전에 몸무게가 100kg 가까이 되었다. 그 당시 입었던 청 반바지가 눈에 들어왔다. 그 청바지가 작아서 쫄바지처럼 입었던 기억이 있다. 그땐 허리띠도 필요 없었다. 호흡을 들이마시고 멈추고, 허리에 있는 단추를 잠갔다. 달리고 운동하면서 살이 빠졌다. 더 이상 그 큰 반바지가 필요 없어졌다. 이사하고 나서 한 번도 옷장 밖으로 나오지 않은 군복, 청바지, 운동복, 티셔츠, 플리스. 빼내고 한곳으로 모으니 쌀 포대로 하나 나왔다. 남아 있는 옷들을 다시 옷장에 넣으면서 좋아하는 옷 스타일은 무채색 옷들과 '안다르' 브랜드 제품이라는 것을 알았다. 접어놓은 종이에 '비즈니스 캐쥬얼'이라고 썼다.

거실 한쪽에 있는 팬트리를 서재로 사용하고 있다. 책들 사이에 꽂혀 있는 다이어리도 보였다. 4년 전에 이사하면서 기록했던 다이어리를 한번 정리해서 보내주었다. 그리고 다시 다이어리 네 권이 쌓였다. 다이어리를 펼쳐서 어떤 내용을 썼나 살펴보니, 휴가 때에 가족들과 함께 간 여행 이야기, 아내가 입원하였던 에피소드, 조카가 결혼한 기억, 가족들과 춘천 마라톤에 참석한 이벤트가 빼곡하게 적혀 있었다. 그렇게 일상을 기록하였던 추억들이 눈에 들어왔다. 정리를 잠시 멈추고, 좋아하는 것을 쓰는 종이에 '다이어리'라고 썼다.

서재에서 책도 정리했다. 아들은 고등학교 1학년, 딸은 초등학교 5학년이다. 이제 그림책을 볼 나이를 지나서 그림책도 하나씩 빼서 정리하기 시작했다. 하나둘 모아서 쌓기 시작하니 50cm 정도 높이가 되었다. 쌓인 책 중의 하나가 삐죽 튀어나와서 그 책을 다시 위로 올리다가, 『나는 나의 주인』이라는 제목이 눈에 들어왔다. 아이들이 예닐곱 살에 재미있게 읽어주고 들었던 동화책이었다. 아이가 자라면서 자신에 대해서 잘 알고, 커서 하고 싶은 일을 하면서 바라면서 읽어주곤 했다.

> "나는 무엇을 좋아하는지도 압니다."
>
> — 『나는 나의 주인』, 채인선 글 · 안은진 그림, 토토북

묘했다. 아이들이 어렸을 때 자주 읽어주면서도 크게 와닿지 않은 문장이었다. 한때는 책을 읽어주는 것이 귀찮아서, 읽으며 한두 페이지씩 건너뛰기도 했는데. 그 책에서 지금 나를 위로하는 문장을 만났다. 내 평범함을 걱정하지 않아도 된다고 전해주는 것 같았.

40대 중반. 무엇인가를 시작하는 것은 쉽지 않은 나이다. 실패가 두렵기도 하고, 가정에서 가장 역할을 하느라 버거울 때이다. 회사에선 경영층이 업무 성과로 채근한다. 집에서는 아내와 자녀를 좋은 관계를 유지하느라 어디 하나 마음 편히 쉴 여유가 없다. 마음에 여유가 없으니, 무언가를 다시 시작하기에는 늘 부담이다. 방향을 살피지 않고 성급하게 시작하고, 실패하고, 자책한다. 악순환이다.

비즈니스 PT 트레이너가 나에게 던진 질문에 내가 찾은 답은 '평범함'이다. 평범함에서 시작해 비범함으로 바뀌는 이야기를 유튜브 채널

에 담기로 결정했다. 그 과정에서 포함시키기로 한 사항은 '반복'이다. 예전에도 유튜브 영상을 만든 적이 있었다. 그 영상에서는 하루에 내 꿈을 백 번을 쓰는 내용으로 영상을 찍었다. 100일 동안 아무런 편집 없이 올렸었다. 유튜브 조회수는 30회에 달성하지도 못했다. 그리고 멈추었다.

추가적인 수입을 만드는 것, 중요하다. 하지만 사람들에게 가치를 꾸준하게 제공하는 것이 먼저다.

이번에는 40주 동안 평범함에서 하나씩 성장해 나가는 기록을 만들어 개인 브랜드를 만들려고 한다. 매일 달린다. 유행이 타지 않는 무난한 옷을 입는다. 다이어리에 기록한 사항을 내 관점을 담은 이야기로 만들어서 영상으로 올린다. 열심히 하지 않고 규칙적으로 영상을 올릴 예정이다. 꾸준히 하면 성장으로 이어질 수 있다는 걸 보여주려 한다. 내 영상을 보는 사람들이 나의 평범함과 꾸준함에 공감하고, 위로도 받고, 같이 할 수 있다는 가능성을 발견했으면 한다. 평범한 사람도 성장할 수 있다는 희망과 위로를 가치로 만들어서 선물하고 싶다.

얼핏 보면 특별한 게 없는 일상이지만, 내 생각을 나다운 방식으로 담아 진하고 독특한 향기를 담은 채널로 만들어 가는 중이다. 이를 통해 내 경험이 필요한 사람들에게 진정성을 보여주고 싶다.

10

너에게는 민들레가 있니?
연수

　권정생 『강아지똥』은 첫째부터 둘째까지 자주 읽어 주었던 책이었다. 아이들에게 수없이 읽어줬고, 읽을 때마다 눈시울이 붉어졌다. 길거리에서 보면 누구나 피하고 싶은 강아지똥, 가까이 가고 싶지도 않고 반갑지도 않은 강아지똥…. 이 책은 1969년 기독교 교육에서 발표 후 그해 아동 문학상을 받고 1974년도에 동화책으로 출간되었다고 한다. 책의 내용을 한 줄로 요약하면 '세상 쓸모없는 강아지똥에게 존재 이유를 일깨워주는' 내용이다. 쓸모없던 강아지똥이 누군가에게 온몸을 던져 꽃을 피우게 해주었던 존재의 귀함을 느끼게 했던 동화책. 나는 누군가에게 그러한 존재였던 적이 있었을까? 거꾸로 나의 삶에 민들레 같은 존재가 있을까? 생각하게 했다.

> "네 몸뚱이를 고스란히 녹여 내 몸속으로 들어와야 해. 그래야만 별처럼 고운 꽃이 핀단다."
>
> — 『강아지똥』, 권정생 글·정승각 그림, 길벗어린이

사회 초년생이라면 그나마 실수를 했어도 그럴 수 있지, 얼마 되지 않았으니 그러려니 하고 이해를 한다. 하지만 오랜 사회생활을 했는데도 불구하고 아직도 적응 중이라 하면 상황이 좀 달라진다. 누가 보면, 누가 알면 얼마나 나를 우습게 볼 것인지 먼저 생각하게 되어 스스로가 더 위축될 수밖에 없었다. 자발적 아웃사이더를 칭하며 나는 그렇게 내 속으로 숨어 가며 긴 시간 번아웃을 경험했다. 지금도 어찌 보면 여전히 그 터널 속에 있는지도 모르겠다. 타인의 작은 실수에는 그럴 수 있지 하며 세상 너그럽게 굴다가, 나의 실수에는 지금도 변함없이 내 자신을 옥죄이며 힘들게 하고 있다. 그러면서도 또 모순적이게 가족에게는 너그럽지 못한 내가 이번에 글을 쓰다 보니 보여서 나를 한 번 더 아프게 했다.

직장생활을 하다 보면 가끔 삼삼오오 모여 이런저런 이야기를 나누게 된다. 때로는 자리에 없는 사람의 이야기도 자연스럽게 오간다. 가족보다 더 많은 시간을 함께 보내다 보니 속마음이나 개인적인 이야기까지도 쉽게 흘러나왔다. 어느 순간 나 역시 그들 앞에서 스스럼없이 가족 이야기를 꺼내고 있는 자신을 발견했고, 문득 그 편안함 속에

서 알 수 없는 두려움이 밀려왔다.

　사회생활을 하는 이들은 한두 번쯤 경험하지 않았을까 싶다. 사람과의 관계에 대한 두려움. 나는 그것에 갑갑함과 현기증을 느끼며 가끔은 숨이 쉬어지지 않을 정도로 힘들었을 때조차 그것이 공황장애라고 인지하지 못했다. 사람들이 잠시 모여서 잡담을 할 때면 혹여나 나의 험담을 하는 건 아닌지 두려움을 느낄 정도의 지경에 이르러서야 무언가 잘못되고 있음을 인지하게 되었다.

　오랜 시간 근무했던 직장에서 흔들리다 보니 가정에서도 아주 사소한 것들마저 무척 예민한 사람이 되어있었다. 그 두려움으로 가시를 잔뜩 세운 고슴도치처럼 나를 방어하기에만 급급해 자꾸 도망치려 발버둥을 쳤다. 벗어나야 숨을 쉴 수 있을 정도가 되었을 때야 진지하게 퇴사를 고민했다. 직장 대표 배려 덕에 조금 분리된 공간에서 업무를 하면서 잠깐 여유 있는 틈새 시간에 자기 돌봄, 내면 성장 강의를 듣고, 책들을 보며 서서히 나를 돌보기 시작했다. 직장은 동료이지 친구가 아닌데 나는 관심과 애정이 있으면 관계가 더 돈독해질 것이라고 착각하며 친구를 직장에서 찾았다. 어쩌면 착한 아이 콤플렉스에 빠져 모든 이들이 나를 좋아해 주길 바랐는지 모르겠다. 나의 일상이 집과 직장만을 반복하며 다람쥐 쳇바퀴 도는 생활에 익숙해진 채 긴 시간 나를 내버려두었었다. 함께한 시간이 오래였다고 그들을 다 아는 것도 아니고 그들 또한 나를 다 아는 것이 아닌데, 관계에 대한 믿음이 나와 같을 것이라 착각하며 관계에 대한 욕심을 내고 있었다. 그렇게 관계 앓이를 하며 마음을 조금씩 내려놓다 보니 그제야 내가 보이기 시작했다.

지금 생각해 보면 오랜 시간 변덕스러운 나의 마음을 묵묵하게도 받아준 현재 직장 대표가 나의 민들레이지 않았나 싶다. 아니, 대표님 덕분에 나와 연결된 그들이 나에게는 민들레임을 깨달을 수 있었다.
가끔 안부 전화를 하면 반가워해 주신다. 나를 찾아주고 '감사하다. 여기에 네가 있어 더 좋다. 네가 있어 더 반갑다. 남아줘서 고맙다.' 이야기해 주며 손잡아주시는 그분들. 오래전 이야기를 슬쩍하며 함께 눈시울을 적셔대는 그분들이 진정한 '나의 민들레'였다. 이제는 나를 기다려준 가족들에게 다시 민들레 같은 존재로 돌아가고 싶다.

『강아지똥』처럼 아무 쓸모 없는 줄 알았는데, 책을 다시 읽으며 어떤 것이든 쓰임새가 있고 각각 주어진 몫이 있다는 걸 한 번 더 깨달았다. 어디에서든 민들레처럼 나의 존재가 필요할 수 있고, 필요하지 않다면 내가 그러한 존재가 되도록 노력하며 기다리면 되었던 것을. 나는 밖에서만 찾았다. 민들레는 오래전부터 내 안에 있었지만 내가 찾아주지 않아서 숨어 있었을 뿐이었다.
오늘이 내일을 위한 밑거름이라는 사실을 알기에, 이제는 오늘 하루를 어제보다 조금 더 후회 없이 살아보려 한다. 때로는 거센 바람과 수많은 고비에 흔들리고 아파하는 날들이 찾아오겠지만, 그럴 때마다 민들레처럼 조용히 뿌리를 내리고 견뎌내고 싶다. 비록 작은 존재일지라도, 바람에 흔들리면서도 꿋꿋하게 다시 일어서는 민들레처럼 나 역시 어려움 속에서 성장해 나갈 것이다. 오늘의 이 시간이 쌓여 내일의 내가 될 테니, 지금 이 순간에 충실하며 조금씩 더 단단해지는 나를 믿어보려 한다.

11

오늘 무슨 이름으로 살까
영지현

　우리는 살아가면서 많은 역할을 맡는다. 자녀, 손주, 배우자 등. 나도 역시 그렇다.
　첫 번째 역할은 딸이다. 딸로서 건강하게 잘 크면 된다. 큰 사고를 치지 않고 엄마 말을 잘 듣고 자랐다. 사춘기 때는 어른으로서 살아가는 방법과 자세를 배우기 시작했다. 엄마는 나를 혼자서 키우고 있어서 살림도 하고 직장도 다녀야 했다. 그래서 나의 교육에 큰 신경을 못 써 줬다. 여성으로서 할 줄 알아야 하는 것들을 엄마가 가르쳐 줬지만, 나의 성격, 가치관, 사고는 혼자 고민하고 결정했다. 어른이 돼서부터 엄마의 생활 습관에 반대해서 엄마와의 관계가 안 좋아졌지만 웬만하면 효도하려고 노력했다. 집안일을 하고 장도 보고 요리도 하고, 나의 도움이 필요할 때 엄마를 도왔다.
　두 번째 역할은 학생이다. 여덟 살 학교에 입학할 때부터 대학생 졸업까지 국어, 수학을 비롯한 많은 과목을 배워야 했다. 초등학교 때 모범 학생이었는데 중학교 시절에 공부보다는 노는 데 더 많은 시간을 썼다. 그로 인해 성적이 떨어졌다. 엄마는 수학 성적이 걱정돼서 나에게 수학 과외선생님을 구했다. 고등학교 졸업할 때까지 수학 과외를 받았다. 수학은 여전히 어려웠지만 다른 과목의 흥미를 되찾았다. 특히 국어, 영어, 문학을 잘했다. 학창 시절이 끝났을 때도 배우는 자세를 지켰다. 열일곱 살 때는 아직 인생의 시작이니까.

  세 번째로 번역가와 과외 선생님 역할을 가졌다. 대학교를 졸업하고 전공에 맞게 영어 번역 일을 시작했다. 영어 과외도 해보았다. 번역과 과외를 병행하면서 깨달았다. 가르치는 일이 더 재미나고 나에게 성취감을 느끼게 해준다는 것을. 그래서 번역 일을 그만두고 영어 강사가 되었다.

  대학교 시절에 우연히 만난 사람 덕분에 한국과 한국어에 관한 관심이 생겼다. 혼자서 한국어 공부를 하면서 한국에 올 목표를 세웠다. 20대 후반에 지인 도움으로 영남대학교 대학원에 입학하고 그토록 보고 싶은 한국 땅에 발을 내디뎠다. 영남대에서 외국어로서의 한국어 교육 석사과정을 졸업했다. 네 번째 역할 대학원생이 된 덕분에 공부의 찐 맛이 달콤했다.

  대학원을 졸업하자마자 결혼을 했다. 두 살 연하의 한국 남자의 아내가 되었다. 덕분에 한국에 체류할 수 있는 자격을 얻고 결혼생활을 시작했다. 다섯 번째인 아내 역할이 처음에는 낯설었다. 할 줄 모르는 것이 많지만, 천천히 배워나가기로 했다.

나의 서른두 번째 생일 전에, 인생에서 가장 중요한 여섯 번째 엄마 역할을 하게 되었다. 책임감에 깔려버린 역할이다. 아이를 키우는 생각만 하면서 다른 역할들을 즐겼던 나 자신을 잃어버렸다. 아이를 키워보니 초보 엄마들의 세상이 어려움으로 가득 찬 것을 알게 되었다. 다른 초보 엄마들도 나처럼 병행하는 역할이 세 가지는 있을 터다. 남편을 배려해 주고 이해해 주는 아내, 직장에 안 다니는 전업주부, 육아를 하는 엄마. 나는 어떨 때는 헷갈렸다. 내가 지금 해야 할 역할이 무엇인지 말이다. 또한, 역할 세 가지에 너무 몰두하다 보니 '나'를 찾을 필요를 느꼈다. 나는 왜 여기에 있는지, 내가 누구인지, 그런 철학적인 질문을 스스로에게 많이 했다.

처음에는 답을 어디서 찾아야 할지 몰랐다. 마음이 육아의 무게로 눌려 있어서 찾을 힘조차 없었다. 오랜 시간 동안 무기력하게 지냈다. 아이와 보내는 시간이 즐거워야 하는데 내가 이러면 안 된다는 생각이 들었다. 책을 좋아하는 나처럼 아이가 그림책을 보는 것을 즐겼다. 그래서 나는 아이에게 그림책을 읽어 주기 시작했다. 사 놓은 그림책 열 권을 한 권씩 읽어주다 보니 나는 점점 힘이 생겼다.

어느 날, 아이와 그림책을 보다가 마지막 페이지에 나온 문장이 새롭게 와 닿았다. 내가 품고 있던 '나' 찾기 질문 때문인 것 같았다.

> "난 세상 모든 것이 될 수 있어!"
>
> — 『엄지손가락아, 모습을 찾았니?』 김정미, 김성희 글 · 김국향 그림, 엄지교육

    이 문장이 내 머릿속에 계속 맴돌았다. 나도 모든 것이 될 수 있을까. 마음만 먹으면 그럴 수 있을 것 같았다. 그림책에 나온 그 말 덕분에 나는 힘을 얻고 동기를 얻었다.

    육아하면서 새롭게 해 본 역할이 독자였다. 책을 자주 사고 매일 밤 한두 시간 독서를 했다. 오랫동안 쌓여왔던 스트레스가 슬슬 풀리고 마음이 평안해졌다.

    독자 다음으로 취미 생활을 하면서 하게 된 역할은 사진작가였다. 전문적으로 하는 역할이 아니지만, 사진을 찍는 것을 좋아하고 사진 찍을 때 촬영의 콘셉트에 신경을 많이 쓴다. 사물, 자연, 사람 등 대상이 무엇이든 나는 카메라를 들고 열정적으로 촬영을 한다. 남편과 함께 여행하면 관광지를 구경할 때 다른 사람 사진을 찍어 준 적이 있다. 올해 5월 초에 아산 튤립 축제를 보러 갔다. 거기서 하얀 원피스를 입은 어떤 여자가 사진을 찍으려고 카메라를 설치하고 있었는데 카메라가 자꾸 고정이 안 됐다. 나는 그 여자에게 다가가서 물어봤다.

"사진 찍어 드릴까요?"

"괜찮으시다면…."

    내 휴대폰 카메라로 빨간색 튤립밭에 들어간 여자의 사진을 찍었다. 그녀와 이야기를 나누다 보니 그녀가 혼자서 서울에서 지하철을 타고

튤립을 보러 왔다고 했다. 서로의 이름과 나이를 물어봤다. 성이 다르지만 이름이 똑같아서 놀랐다. 내가 그녀보다 나이가 어리기 때문에 그녀를 언니라고 불러도 되냐고 물었다. 그녀는 고개를 끄덕였다.

"언니 시간 되시면 저희랑 같이 가요. 예쁜 사진 많이 찍어 드릴게요."

그렇게 사진 덕분에 그 언니와 인연을 맺었다.

어느 날, 평생교육원에서 문자가 왔다. 수강 모집 기간이 열렸다. 전공을 살펴보니 다문화 심리상담사라는 전공이 눈에 띄었다. 공부를 하고 싶어졌다. 가족들과 상의해 보고 허락을 받아 평생교육원 수강생이 되었다. 내가 공부하는 동안 남편은 육아를 많이 도와줬다. 심리학을 배우는 것이 재미있고 유익했다. 몇 달 열심히 공부하고 시험을 쳤다. 공부한 기간이 짧아서 떨어질까 봐 걱정을 많이 했는데 합격이었다. 그리고 다문화 심리상담사 자격증을 받았다. '아이가 좀 더 크면 심리상담사가 되는 게 어떨까?' 했다. 나에게 잘 맞는 역할일 것 같다.

내가 무엇이 더 될 수 있는지 생각하다가 중학교 때부터 꿔왔던 꿈이 떠올랐다. 소설가. 글 작가. 여기서 고민이 하나 생겼다. 무슨 언어로 쓸까. 모국어로 쓰면 더 편한데 내가 사는 곳은 한국이니까 한국어로 써야 하지 않을까 싶었다. 모국어로 써놓고 한국어로 번역하는 일이 번거로워 보였다. 한국인처럼 생각하고 한국인처럼 글을 써야 한다는 생각이 들었다. 그래서 한국어로 글을 쓰기로 했다. 아직 미숙하지만, 나의 꿈을 이루기 위해서 열정적으로 연습하며 글을 쓰고 있다.

나의 이야기가 책으로 나옴으로써 나는 작가가 되는 것이다.

　직업으로 무슨 역할을 하고 싶냐고 물어본다면 한국어 교사가 되고 싶다고 대답할 것이다. 한국에서 전공한 외국어로서의 한국어 교육을 실천하고 싶다. 이미 영어 강사를 해 봐서 알게 된 것은 나는 언어를 가르치는 일을 좋아한다는 거다. 한국에 오는 외국인들에게 한국어를 가르침으로써 그들이 한국 생활에 빨리 적응하도록 도와주고 싶다.

　내게 아내, 주부, 엄마라는 역할만 제한될 필요가 없다. 독자, 사진작가, 수강생, 심리상담사, 작가, 한국어 교사 그 무엇이든 할 수 있다. 누구나 해보고 싶은 역할을 선택할 수 있으며 그 역할을 성공적으로 할 수 있다. 고민과 두려움에서 벗어나 용기를 내서 새로운 역할에 도전해 보면 진정한 행복을 찾을지도 모른다. 미래로 미루지 않고 오늘 생각해 본다. 나는 오늘 뭐가 되고 싶은가.

12

멈추지 않으면 도착한다
윤미경

　제주에서 보낸 학창 시절은 굵은 코바늘뜨기로 짠 바구니 같았다. 촘촘하지 못해 구멍이 숭숭 뚫려 있었고, 그만큼 허전하고 느슨한 삶이었다. 누군가는 육지의 치열한 경쟁보다 제주의 여유와 평안을 찬미하지만, 시간이 느리게 흐르는 그곳에서의 삶은 종종 나태와 무절제함을 허용하였다. 친구들은 열심히 공부해서 서울 대학 진학을 꿈꾸다가도, 막상 실현될 것 같지 않으면 부모 곁에서 안온한 삶을 사는 것도 나쁘지 않다고 합리화했다. 최후의 보루 하나쯤은 마음에 품고 있었기에 안간힘을 내지 않는 경우도 많았다. 주변이 그러하니 누구도 특별히 절박하지 않았고, 나도 그 흐름 안에 있었다. 치열함은 딴 세상 이야기 같았고, 경쟁은 누군가의 욕심처럼 느껴졌다.

　그렇게 방향 없이 흘러가던 시절, 1994년 겨울, 아빠와 함께 대학

면접을 보러 서울에 올라왔다. 준비는 미흡했고, 합격을 자신할 만큼 결기도 흐릿했다. 이른 새벽, 모텔을 나와 대로변 버스정류장으로 향하던 길에서 마주한 서울의 풍경은 내게 큰 충격이었다. 동이 트지 않은 어두운 거리에는 이미 청소부들이 빗자루를 들고 분주히 움직였고, 청소차는 전봇대마다 쌓인 쓰레기봉투를 하나하나 수거하고 있었다. 출근길에 나선 사람들은 각자 버스를 기다리며 얼어붙은 몸을 녹이듯 다리를 동동거렸다. 지하철역 입구에서는 허리 굽은 할머니들이 은박지에 돌돌 만 김밥과 샌드위치를 좌판 위에 가지런히 놓고 팔고 있었다. 하루를 이미 시작했거나 각자의 자리로 향한 사람들의 바쁜 리듬 속에서, 나는 어디로 가야 할지 몰라 망설이던 출발선 밖의 사람이었다. 대학 면접은 좋지 않은 결과로 끝났고, 다시 제주로 내려가 이전의 성긴 삶으로 돌아왔다.

불투명한 미래와 막연한 기대 사이에서 오랜 시간을 갈팡질팡하며 보냈다. 교사가 된 이후에도 특별한 비전이나 뚜렷한 목표를 가지고 살지 않았다. 그저 하루하루 주어진 일을 최선을 다해 수행하는 것으로 충분하다고 여겼다. 남보다 앞서기 위해 요령을 피우지도 않았고, 누군가를 제치고 나아가야겠다는 생각도 하지 않았다. 단지 나에게 맡겨진 교실과 아이들에게 책임을 다하는 것이 내 몫이라고 믿었다. 25년 동안 교사로 재직하며, 학기 중 단 하루도 연가나 병가를 사용하지 않았다. 잦은 이사는 방학에 맞추어 했고, 결혼식 역시 방학 중에 치렀다. 아플 때도 수업을 마친 뒤에야 병원에 갔으며, 아이가 병원에 입원했을 때는 친정엄마에게 간호를 맡기고 출근했다. 출산휴가 3개월과 유학 휴직 2년을 제외하고 늘 학교에 나가 교실 아이들을 만났다. 돌아보니, 성실함을 나의 무기로 삼아 살아왔고, 매일의 루틴을 묵묵히 지켜온 사람이었다.

그러던 중 그림책 『나는 지하철입니다』를 읽게 되었다. 그 안의 문장 하나가 내 마음을 크게 움직였다.

> "나는 오늘도 달립니다. 매일 같은 시간, 매일 같은 길을."
>
> ―『나는 지하철입니다』, 김효은 글·그림, 문학동네

단조롭고 반복되는 일상이지만, 방향을 잃지 않고 제 길을 묵묵히 달려가는 존재의 태도. 흔들림 없이 자기 자리를 지켜내는 그 문장 속 지하철과 그 안을 오가는 사람들의 모습은 내 삶과 닮아 있었다. 나는 성실을 자랑삼아 말하지 않았다. 누군가의 기준에서는 내 삶을 성취라고 말하기 힘들지 모르지만, 분명 나는 흔들림 없이 걸어온 사람이다. 비록 눈에 띄는 성공은 아니었을지라도, 내가 지켜온 방향과 일상은 의미 있는 여정이었다. 이제 나는 교실에서 학생을 지도하는 교사가 아닌, 교사들을 지원하는 관리자의 길을 걸을 준비를 한다. 이름을 알리거나 존재를 드러내는 일에는 관심이 없다. 지하철 기관사처럼,

교사들이 자신의 자리로 안전하고 평온하게 도착할 수 있도록 보이지 않는 자리에서 그들을 돕는 역할을 다하고 싶다. 있는 듯 없는 듯, 그러나 반드시 필요한 사람으로 남고 싶다.

글쓰기도 다르지 않다. 지금은 거칠고 어설픈 문장을 쓰고 있지만, 매일 같은 시간, 같은 길을 걸으며 반복적으로 써 나간다면 언젠가 나만의 노선이 생길 수 있으리라 믿는다. 중요한 것은 멈추지 않는 것이다. 덜컹거리며 흔들리더라도, 리듬을 잃지 않고 나아가다 보면 결국 종착역에 다다를 것이다. 그래서 책 읽기 모임에 나를 던지고, 글쓰기 모임에도 나를 밀어 넣는다. 읽지 않으면 안 되고, 쓰지 않으면 안 되는 환경을 만들어 반드시 글과 마주할 수밖에 없도록 한다. '오늘은 피곤하니 쉬자.'라는 유혹 앞에서 고민할 시간을 차단하고, 그냥 할 수밖에 없게 몰아간다. 성과를 바라기보다는 과정에 나를 담는다. 매일의 길 위에 내가 존재한다는 사실, 그것만으로 충분하다. 멈추지 않고 걷고 있다는 자각이 나를 움직이게 한다.

언젠가 이 길의 끝에서 내 이름을 건 책 한 권을 꺼내 들 수 있다면 얼마나 좋을까. 그 책이 어떤 내용이든, 어떤 장르이든, 그것은 오롯이 내가 매일의 삶으로 써 내려간 기록일 것이다. 그 순간을 꿈꾸며 오늘도 같은 시간, 같은 길을 따라 달린다. 지하철처럼 정해진 노선을 따라, 반복되는 일상 속에서도 묵묵히 제자리를 지켜가며 다시 한 걸음 내디딘다. 그렇게 하루를 살아내는 것, 그것이 나에게는 곧 성취이다. 그래서 나는, 오늘도 달린다.

13

결핍은 배우는
삶으로 피어나
은재롭다

　유치부와 초등부 대상의 글짓기 학원(지금의 보습학원)에서 강사 생활을 시작했다. 오전에는 유치부 아동 70명 앞에서 동요를 가르치고 율동하며 놀이 시간을 책임지는 7세 밝은 반 선생님이었다. 오후에는 초등부를 대상으로 책 읽기와 글쓰기를 지도하는 글쓰기 선생님으로 활동했다. 아침 9시부터 오후 6시까지 이어지는 수업은 석 달 만에 적응하였고, 아이들 개개인의 수준을 고려해 지도하는 선생님으로 성장해 갔다.
　몸과 마음이 학원 생활에 익숙해지면서 새로운 일을 시작했다. 월요일부터 금요일까지 퇴근 후 초등학교 1학년 남학생의 학습 도우미 일이다. 맞벌이 부부의 가정에서 부재중인 부모를 대신한 돌봄과 부족한 학습, 숙제를 도왔다. 일대일 밀착 돌봄과 학습 보조자의 역할은 많은 에너지가 필요했고, 학습자와의 관계 유지를 위해 지속적인 관심을 기울여야 했다. 토요일은 대안학교 체험 교사로 활동했다. 대안학교에 다니는 학생들과 고기 잡기, 철새 탐험, 들꽃 체험, 선사유적지 등 다양한 체험의 지도자 겸 보조자가 되어 들로, 산으로 다녔다. 다양한 지역에서의 체험 활동은 학원이라는 공간에 묶인 나에게 새로운 환경을 만나게 하는 유일한 시간이자 실질적인 학습을 배우는 시간이 되었다.

스물네 살. 학원 강사, 학습 도우미, 체험 교사의 일을 병행한 지 1년이 넘어갈 무렵이었다. 학원에서 오전 수업을 할 때였다. 오늘의 활동을 설명하다 말고 정신없이 화장실로 뛰어갔다. 학생들에게 상황을 설명할 겨를도 없었다. 변기를 부여잡고 토를 했다. 나의 의지로 조절할 수 있는 상태가 아닌, 그냥 마구 입 밖으로 쏟아져 나왔다. 목이 따가웠다. 눈물과 입가에 묻은 토사물의 흔적을 대충 씻고 바로 원장실로 들어갔다. 업무 중이던 원장님은 허리를 반쯤 접은 나를 곧장 집에 데려다주었다. 수업은 어떻게 되었는지, 우리 반에는 대체 선생님으로 누가 들어갔는지 물을 겨를이 없었다. 다음날 학원에 출근했지만, 구토 증상은 여전했다. 물 말고는 먹을 수 있는 게 없었다. 버티는 건 무리였다. 결국 내과를 찾았다.

의사는 대장 검사를 하고 다시 내원하라고 했다. 엄마는 연락을 받고 병원으로 오셨다. 대장 검사는 엉덩이 부근이 뚫린 옷을 입고 뒤를 보여줘야 했다. 아픔보다 눈물이 앞섰다. 사진을 본 의사는 바로 대학병원으로 협진을 의뢰했다. 병명은 정확히 모른다. 다만 내시경 사진 판독 과정에서 본 나의 대장은 작은 음식물조차 내려가지 못할 만큼 쪼그라든 채로 붙어 있었다. 그동안 내가 알고 있던 대장의 모습과 사뭇 달랐다. 의사는 약물 치료와 수술 두 가지 중 약물 치료를 선택하였다. 한 달 동안 약을 먹으면서 경과를 지켜보기로 한다. 장이 이렇게 된 주원인은 스트레스라고 했다.

　1년 동안 돈 벌기 위해 쉬지 않고 일했다. 시간을 맞추기 위해 항상 종종거렸고, 이동 시간 지하철 안에서 잠깐 조는 걸로 피로를 풀었다. 늦은 시간까지 수업 자료 제작과 첨삭 노트를 작성해야 했다. 주말이면 스무 명의 아이와 꼬박 하루를 보내는 체험 교사의 역할은 즐거운 만큼 피로도 쌓여갔다. 한 달에 이틀조차 쉬지 못하는 일정을 선택하고 스트레스를 감수했다. 바로 '공부' 때문이다. 내가 원하는 공부를 하기 위해서 돈이 필요했다. 선택의 시간이 다가왔을 때, 그때만큼은 놓치고 싶지 않았다. 돈만 있다면 모든 장애를 넘어설 수 있다는 믿음을 갖고 하루하루를 버텼다. 의사는 나만의 스트레스 해소 방법을 찾아보라고 했다. 내가 제일 편안한 상태가 언제일까? 여러 날 생각한 끝에 찾은 것이 바로 책 읽기였다. 책을 읽는 동안에는 돈도 공부도 내 맘을 괴롭히지 않았다. 책에 집중하며 현실에서 벗어나는 연습에 집중했다.

3개월의 약물 치료와 책 읽기는 건강을 회복하는데 충분한 시간이었다. 건강을 되찾은 후, 학원과 학습 도우미, 체험 교사의 일을 모두 정리했다. 꿈을 펼쳐보기로 마음먹고 재수학원과 독서실을 등록했다. 재수는 예상과 한 치의 어긋남이 없이 실패했다. 실업계를 졸업한 내가 6개월의 공부로 대학에 입학하리라고는 기대하지 않았다. 좌절하지 않았다. 실망하지도 않았다. 온전히 공부만 했던 그 시간, 학창 시절에 보지 못했던 새로운 과목들을 배우면서 즐거웠다. 아는 용어보다 모르는 용어가 많아 매번 헤맸지만, 공부를 할 수 있어 행복했다. 마지막 희망이었던 서울예술대학교 문예창작학과도 낙방했다. 이 또한 예상되어서인지 크게 상처받지 않았다. 고3 학생들 사이에서 실기와 면접을 봤던 그날의 공기와 떨림을 기억한다. 실패가 아닌 도전으로 인생 한 페이지를 채웠다.

　평생을 광부로 살았던 부모님에게 서울의 삶은 녹록지 않았다. 대학에 가고 싶다는 말을 꺼내지도 않았다. 스스로 교사의 꿈도 문학소녀의 꿈도 모두 놓았다. 성인이 되면서 배우지 못한 결핍은 순간순간 가슴을 치고 올라와 괴롭혔다. 배움에 집착했고, 해소하기 위해 열심히 살았다. 그것이 내가 할 수 있는, 내 삶을 향한 최소한의 예의라고 생각했다. 내 속에 잠재된 결핍은 배우는 삶에서 읽고 쓰는 삶으로, 다시 나를 가꾸는 삶으로 변해갔다. 공부하고 싶어 하는 말을 제때 가르치지 못해 한이 된다는 엄마에게 이제 나는 당당하게 말할 수 있다.

"제때 공부했다면 열심히 살아가야 하는 이유를 찾지 못했을 거예요. 남들보다 돌아가느라 늦었지만 하나씩 이뤄가는 내 삶이 좋아요. 엄마에게 아픔인 한이 나를 이끄는 힘이 되었어요. 마음에 담긴 한 푸세요. 한이 깊으면 병나요."

희망이 없다, 내 뜻대로 살아지지 않는 세상이라고 생각했던 나의 20대를 안아주는 그림책을 만났다. 울지 않는 뻐꾸기시계와 잠들지 못할 만큼 삐걱거리는 침대는 어둡고 우울하기만 했던 20대의 나와 똑 닮았다. 노란색 빛을 향해 나아가는 그림책의 흐름은 빡빡하기만 한 현실에서 배움을 통해 결핍을 해소해 나가는 나의 마음을 수선해 주었다. 나의 결핍은 배움을 통해 꿈 꽃으로 피어나기 시작했다.

> "망가진 자리에도 꽃은 피어나."
> — 『마음 수선』, 최은영 글·모예진 그림, 창비

앞이 보이지 않을 것만 같은 길 위에 서면 외롭고 막막하다. 모두 내려놓고 포기하고 싶은 순간에도 안간힘을 쓰며 버티고 또 버텼다. 꿈꾸며 설렜던 기억 하나 때문이다. 꿈을 위해 꿋꿋하게 걸어온 시간을 결코 잊을 수 없다. 비록 결핍의 씨앗이지만 나만의 방식으로 뿌리를 내리고 꽃을 피울 수 있다고 믿었다. 더디지만 천천히, 돌아가지만 끝까지. 버려진 강아지똥이 민들레꽃을 피워냈듯이 내가 꾼 꿈을 이뤄

보겠다는 의지가 거름이 되어 꽃을 피운다. 나는 오늘도 열심히 읽고 쓰고 배운다. 나만의 꽃을 피우기 위해.

꿈꾸는 이의 간절함이 한 송이 꽃을 피워내길 온 마음을 다해 바라본다.

14

그래, 이까짓 거!
이가경

"이 박사, 다음 달부터 출근할 수 있어?"

대학에서 연구직 제안이 들어왔다. 내 몸은 이미 그곳을 향해 있었다. 둘째 출산 후 2주 뒤에 받은 연락이다. 연년생 둘째 아이를 낳은 후 아무것도 할 수 없게 될까 봐 두려웠다. 일을 포기해야 하는 불안감에 잠 못 이루던 밤도 있었다. 이번 제안은 기회였다.

친구 신영이가 말했다. "아이들이 조금만 더 크면 일을 시작해."

하지만 작은이모는 이렇게 말했다. "물 들어올 때 노 저어야지! 기회는 왔을 때 잡아야 해."

두 의견 사이에서 갈등하다 보니, 고민이 깊어져 머릿속이 복잡했다. 산후조리보다도 아직 어린 아기들을 품어야 한다는 생각이 더 마음에 쓰였다.

'어떻게 하면 좋을까?' 내가 일을 하러 가면 육아의 공백을 메울 사람이 없었다. 양가 부모님은 모두 지방에 계셔서 도움을 기대하기는 어려웠다. '그래, 아직은 때가 아니야.' 어쩌면 정말 할 수 없어서가 아니라 아이들을 다른 이에게 맡기는 게 마음 놓이지 않아 물러섰는지도 모른다. 그렇게 내가 누구인지 말해 주던 한 축을 잠시 멈춰 세웠다.

하루하루가 반복의 연속이었다. 두 아이의 기저귀를 갈고, 분유를 타고, 이유식을 만들고, 울음을 달랜다. 청소기를 돌리고 빨래를 개고 밥을 짓고 설거지를 한다. 틈틈이 속으로 되뇌었다. '잘하고 있어, 조금만 더 버티면 돼.' 엄마라는 이름으로 평범하고 당연한 일상을 잘 견디고 있다고 생각했다.

그런데 나도 모르는 사이 내 삶은 점점 무채색이 되어갔다. 어제와 오늘, 그리고 내일이 구분되지 않았고 한 덩어리로 엉켜버린 기분이었다. 겉으로 보기엔 평온하고 잔잔해 보이지만 속은 길을 잃은 것처럼 막막하고 어디가 끝인지 알 수 없었다. 말 한마디, 상황 하나, 사소한 일에도 감정이 소용돌이쳤다.

남편은 퇴근 후 지친 몸을 이끌고 육아에 동참했다. 그는 최선을 다했을 것이다. 그러나 내가 필요로 한 것과 그가 줄 수 있었던 도움 사이에는 쉽게 메워지지 않는 틈이 있었다. 그리고 그 간극 속에서 나는 혼자라는 기분을 지울 수가 없었다. 언제까지 육아와 살림만 하고 있을 것인가….

그러던 어느 날, 하은이와 함께 읽던 그림책 속에서 한 소녀를 만났다. 하교 후 세찬 비가 쏟아졌다. 그 소녀를 위해 마중 나온 사람은 없었다. 소녀는 가방을 머리에 인 채 비를 맞으며 힘껏 달렸다. 쏟아지는 비를 뚫고 달리다 잠시 피할 곳에 멈춰 섰다. 아직 집까지 도착하기엔 꽤 많은 거리가 남았는데 비는 더 세차게 쏟아진다. 그 순간 책 속의 소녀는 이렇게 외쳤다.

"이까짓 거!"

─ 『이까짓 거』, 박현주 글·그림, 이야기꽃

소녀를 안쓰럽게 바라보는 눈길도 있었다. 그러나 소녀는 옷이 젖는 불편함도, 감기에 걸릴 걱정도, 달리다 넘어질까 하는 두려움도 아랑곳하지 않았다. 나는 그 장면에서 눈길이 멈췄다. 왜일까. 그 소녀에게서 나를 보았다. 쉴 틈 없이 되감기는 돌봄의 일상이었다. 말로 옮길 수 없는 복잡한 마음의 무게를 오롯이 짊어진 채 나 또한 매일 그렇게 달리고 있었다. "그래, 이까짓 거." 그 짧은 한마디 속에 담긴 다짐과 용기, 그리고 묵묵히 앞으로 나아가려는 의지가 나를 일으켜 세웠다.

그날 이후 조금씩 '나'를 다시 꺼내 보기 시작했다. 매일 아침 커피를 내리는 짧은 시간에도 내가 누구였는지 떠올렸다. 아이를 재운 뒤 밀린 집안일은 잠시 뒤로하고 아주 짧게라도 책을 펴고 메모를 했다. 그

건 거창한 준비도 대단한 계획도 아니었다. 다만 '나는 여전히 존재한다'는 사실을 스스로에게 상기시키는 일이었다. 육아로 지워져 가던 나를 조금씩 다시 불러내고 있었다.

우연히 인터넷에서 시간강사 채용 공고를 보았다. 여전히 육아는 고단했고, 몸은 피곤했지만 마음속 어딘가에서는 희미한 생기가 돌아오고 있었다. 지원서를 작성하고 1차 서류를 통과했다. 2차 면접을 보러 가던 날, 오랜만에 립스틱을 발랐다. 서류를 챙기며 마음속으로 몇 번이고 되뇌었다.
"이까짓 거."
결과는 합격이었다. 남편과 상의 끝에 아이들은 첫째 형님이 근무하는 어린이집에 다니게 되었다. 나는 일주일에 한 번, 다시 강단에 섰다. 아직 어린 하준이를 기관에 보내는 일이 마음 한구석에 걸렸다. 하지만 다른 무엇이 아닌 그저 '나'로 존재할 수 있는 시간이 필요했다. 그 잠깐의 틈은 다시 숨을 쉬게 한 순간이었다. 그 시간을 지나고 나서야 비로소 알게 되었다. 삶의 시기마다 여러 역할의 무게를 조율할 수 있다는 사실을. 그리고 엄마가 되었다고 해서 오직 그 역할에만 머물러야 하는 건 아니라는 것을. 여전히 '나'로 존재할 수 있다는 희망과 '그래도 괜찮다'는 따뜻한 위로가 함께했다.

아직도 육아는 계속되고 있다. 초등학교 1, 2학년이 된 연년생 남매는 여전히 엄마의 손길이 필요하다. 하지만 책상 앞에 앉아 일하는 엄마의 모습은 그들에게 당연한 일상이 되었다. 그렇게 아이들이 자라나는 동안 내면의 나도 조금씩 성장하고 있다.

책 한 장을 넘기는 시간, 수업을 준비하며 배움을 넓혀가는 과정, 그리고 강의실 문을 열고 들어가 다시 이름이 불리는 순간들. 그 작고 단단한 틈들이 다시 내 삶을 빚어낸다. 무언가를 시작하는 데 완벽한 준비는 필요하지 않다. '나도 다시 해 볼 수 있을까?'라는 작은 속삭임. 그것만으로도 용기가 된다.

바로 그림책 속 소녀의 외침처럼, "이까짓 거!"

15

몽유도원을 향해 나아가다
이연화

 딸깍! 몸의 스위치가 꺼지듯 번아웃이 왔다. 아무것도 하고 싶지 않았다. 남편은 창밖을 보며 눈물만 흘리고 있는 나를 걱정했다. 당분간이라도 친정에 가서 쉬다 오는 게 어떻겠냐고 말했다. 나를 위해서 한 말이라는 것을 알면서도 내가 쓸모가 없어져서 그러냐며 오히려 화를 냈다. 주체할 수 없는 감정들이 솟구쳤다. 남편이 원망스럽고 미웠다.

 "당신만 아니었다면 이렇게 힘들지 않았을 텐데 왜 나랑 결혼해서 힘들게 하는데. 왜?"

 남편에게 퍼부은 말이었지만 나에게 하고 싶은 말이었다. 남편은 언니에게 상황을 이야기하고 도움을 요청했다. 기력을 차릴 때까지 언니 집에서 지내다 괜찮아지면 친정에 내려가기로 했다. 언니 집에 머무르며 건강 검진을 받고 치료를 받으며 지냈다. 치료를 받고 온 날에는 며칠 동안 잠만 잤다. 언니는 잠깐이라도 산책하고 오는 게 어떻겠냐며 물었다. 내키진 않았지만 언니를 따라 집을 나섰다. 인적이 드문 산책로를 따라 걸으며 언니는 조심스럽게 정신과 진료를 권유했다.

정신과를 찾은 후 1주에 두 번씩 진료를 받았다. 여러 종류의 설문지와 조사지를 체크하고 불면증과 항우울제를 처방받았다. 의사 선생님은 좋아하는 것이 있는지 물었다. 질문을 받으니 당황스러웠다. 내가 좋아하는 것이 있었는지, 어떤 걸 좋아했는지 떠오르지 않았다. 다음 진료 날까지 생각해 보라는 숙제를 받고 집으로 돌아왔다. 심리 상담 후에는 아무것도 할 수 없었다. 후유증으로 몸살과 오한, 두통을 견뎌야 했다. 무너지고 다시 일어서는 과정이 계속되었다. 제일 먼저 나의 변화를 감지한 건 상담 선생님이었다.

"얼굴이 편안해 보이시는 것 같은데 좋은 일 있으셨어요?"
그동안의 일상을 이야기했다. 선생님은 잘하고 있다며 칭찬해 주었다. 다음 진료 시간에는 그림책을 읽고 생각나는 기억이나 느낌을 노트에 적어보라 했다. 문구점에서 민들레를 닮은 노란색 노트를 구입하고 집으로 돌아왔다. 저녁을 먹은 후 책상에 앉아 노트를 펼쳤다. 막상 쓰려 하니 무엇을 써야 할지 막막했다. 그림책을 보면서 드는 생각이나 감정, 마음이 머무는 문장을 한 줄, 한 줄 늘려가며 적어 갔다.

그렇게 몇 주를 그림책과 노트를 쓰며 지냈다. 차츰 익숙해지면서 갑갑했던 마음도 조금씩 가벼워지는 느낌이 들었다.

'민들레 그림책을 읽고 왜 울었을까?' 이유가 궁금했다. 궁금증을 해소하려 그림책에 관련된 자료를 찾았다. 검색하던 중 김소영 작가의 『어른을 위한 그림책 테라피』를 보게 되었다. 상처받은 마음을 위로하는 그림책. 이 책이라면 그림책을 읽고 울었던 이유를 찾을 수 있을 것 같았다. 하지만 절판된 상태였다. 다행히도 근처 도서관에서 대출을 받을 수 있었다. 대부분의 시간을 그림책 테라피 책을 읽고 관련 그림책을 탐독하며 노트에 적었다. 어느새 노트 한 권이 그림책 이야기로 가득했다. 노트도 살 겸 그림책도 살펴볼 겸 원종 서점을 방문했다. 새로운 그림책들이 입고되었다며 책방 사장님이 말했다. 천천히 둘러보던 중 그림책 하나에 눈이 멈췄다.

신유미 작가의 『알바트로스의 꿈』이란 그림책이었다. 수묵화 같기도 한 그림과 누런 한지 느낌의 표지, 험한 산에서 커다란 날개를 펼치고 날아오르는 두 마리의 새가 그려져 있었다. 날개가 너무 크고 무거워 날지 못하는 알바트로스가 걸어간 길과 꿈 이야기를 담았다고 했다. 알바트로스는 커다란 날개를 가지고 있으면서도 왜 날지 못하는 걸까 궁금했다. 계산을 하고 자리에 앉아 문장과 그림을 자세히 살폈다. 온몸에 닭살이 돋고, 마음속 커다란 돌덩이가 '쿵'하고 내려앉는 기분이

들었다.

> "새는 굽이굽이 험한 산길을 뚜벅뚜벅 걸어서 올라갔어요."
>
> – 『알바트로스의 꿈』 신유미 글·그림, 달그림

　상담과 그림책, 나에게도 시간이 필요했던 것이리라. 알바트로스처럼 나에게도 꿈이 있었다. 어느 순간부터였는지 꿈을 꾼다는 것이 무엇인지 까마득하게 느껴졌다. 결혼, 출산, 양육은 행복함을 주었지만 뭔지 모를 아쉬움도 남았다. 딸이자 아내, 며느리, 엄마로서의 나만 존재할 뿐 나라는 '이연화'는 어디에서도 찾을 수 없었다. 진짜 나를 찾고 싶었다. 커다란 날개를 가지고 있으면서도 너무 크고 무거워 험한 산길을 걸어야 했던 알바트로스처럼 말이다.

　다시 꿈을 꾸고 싶다는 욕구가 솟구쳤다. 내가 잘할 수 있는 것을 생각해 보았다. 나는 참을성이 많고, 배움의 욕구가 강하다. 도전을 두려워하지 않으며 끈기가 있다. 알바트로스가 자신에게 맞는 바람을 마주했을 때 커다랗고 무거운 날개를 펼칠 수 있었던 것처럼 나도 날아오르길 바랐다. 일단 내가 지금 상황에서 할 수 있는 것은 건강 회복에 힘쓰는 일이었다. 잘 먹고, 잘 자고, 잘 쉬며 건강을 회복하는 데 집중했다. 건강을 챙기는 동안 내 안의 '용기'라는 꿈의 씨앗을 심고 싹을 틔우기 위해 노력했다. 꿈을 꿀 수 있는 것만으로도 행복했다.

삶을 살아가는 건 힘든 여정을 계속해 나아가는 것이다. 포기하고 싶을 때, 지치고 힘들 때, 외롭고 무서울 때는 잠시 쉬어가도 된다. 쉬면서 거친 호흡도 가라앉히고, 땀도 식히다 보면 다시 일어설 힘을 얻게 된다. 험한 인생길도 혼자 묵묵히 걸어가다 보면 언젠가는 함께 걸을 수 있는 친구를 만나게 된다. 함께 가는 길은 서로 의지하고 응원하며 한 걸음, 한 걸음 내디뎌 가면 된다. 사람이든 동물이든 혼자서는 살아남기 어렵지만 무리 지어 살아가다 보면 오래 살아남을 수 있다. 그림책을 읽으며 생각을 정리하고, 블로그에 포스팅했다. 그림책 작가들의 강의와 북토크를 들으면서 그림책을 활용해 감정을 찾아가는 공부를 꾸준히 이어갔다.

그림책으로 시작한 치유의 여정은 '작가'라는 꿈을 꾸게 해주었다. 함께하는 동료 작가들도 여럿 생겼다. 난 더 이상 외로운 알바트로스가 아니다. 꿈을 향해 나아가는 또 다른 알바트로스 친구를 만났기 때문이다. 우리는 서로를 의지하고 응원하며 꿈을 향해 나아가고 있다. 사람이 무섭고 외출하는 것도 두려워했던 내가 다양한 직업을 가진 사람들과 글쓰기를 함께하고 있다. 지금의 내가 행복하게 일상을 보낼 수 있었던 건 포기하지 않고 도전했기에 가능했다. 꿈, 도전. 포기하지 않으면 이룰 수 있다.

나만 사라지면 모든 게 끝날 거라 생각했다. 그때의 나를 가장 따뜻한 손길로 보듬어주고 싶다. 잘 견디고 이겨내고 있는 나를 스스로 칭찬해 준다. 글 친구들과 여럿이 함께 걸어오며 나 '이연화'는 마음 안에 용기라는 씨앗을 심을 수 있었다. 우리에겐 어려움을 극복하고 도전하는 힘이 내재되어 있다. 그 힘을 믿고 용기를 내 '작가'라는 꿈을 위해 오늘도 쓴다. 있는 그대로의 나를 바라보게 된 것은 알바트로스가 내게 준 '용기' 덕분이었다.

문장에서 삶으로
멈춘 자리에서 다시

Step 2. 되짚기 2장에서는 '멈춰 섰던 삶의 어느 지점에서 다시 움직이게 된 순간'을 회고하고 있습니다. 지금 떠오르는 나는, 어떤 문장 앞에서 다시 일어나고 싶나요?

아래 질문 중 하나를 골라 써보세요.

1. 당신은 언제 마지막으로 멈춰 서 있었나요?

---

2. 그때, 어떤 말 한마디나 문장이 당신 안의 무언가를 건드렸나요?

---

3. '지금도 괜찮다.', '다시 시작할 수 있다.'라는 말을 누군가에게 들어본 적 있나요?

3장

내게 온 문장,
당신에게 건네다

나를 지탱해 준 문장을
누군가에게도 건네고 싶다.
말보다 따뜻한 한 줄이 오늘 누군가의
마음을 감싸주기를 바란다.

1

살면서 내가 배운 것들
강화정

 5년 전, 나는 경제 서적을 빌리러 도서관에 갔다. 예전 같으면 늘 들르던 그림책 서가를 그냥 지나쳤다. 그때 나는 경제 공부에 몰두해 다른 책은 눈에 들어오지 않았다. 그런데 한 그림책이 내 시선을 붙잡았다. 나는 단숨에 책장을 넘겨 끝까지 읽었고, 마지막 장을 덮는 순간 한 문장이 머릿속에 선명히 남았다.

> "살면서 무엇을 배웠을까?"
> − 『100 인생 그림책』, 하이케 팔러 글 · 발레리오 비달리 그림, 사계절

 이 질문은 내 삶을 돌아보게 했고, 지금까지의 배움을 다시 생각하게 했다. 예기치 못한 상황에서 흔들렸던 날들이 떠올랐다. 10여 년 전만 해도 나는 이런 삶을 상상하지 못했다. 결혼하고 아이를 낳고,

그 아이가 자폐 진단을 받을 거라곤 한순간도 상상하지 않았다.

아이의 진단을 받은 날, 진료실 의사 앞에서는 의연한 척하려 했으나 병원문을 나서자 한 발짝도 떼지 못한 채 다리가 후들거렸다. 차에 올라 시동조차 켜지 못한 채, 핸들 위에 손만 올려두었다. 창밖에서 사람들은 웃으며 오가고, 모든 장면이 유리 너머 다른 세상처럼 멀게 느껴졌다. 눈앞이 흐려졌다가 또렷해졌다. 울컥하는 마음을 삼킨 뒤, 뒷좌석에서 영문도 모른 채 창밖을 바라보는 아이가 눈에 들어왔다.

나는 감정을 붙잡을 겨를도 없이 바로 행동을 시작했다. 발달센터를 검색했고, 부모 카페에 가입했고, 치료사 후기를 정리했다. 닥치는 대로 약속을 잡아 상담을 이어갔다. 대기실에서 몸을 비틀며 울부짖는 아이를 안아서 달래며 치료사와 상담을 이어갔다. 왕복 두 시간을 들여 40분 치료받으러 갔지만, 정작 아이는 집중하지 못하거나 울며 수업을 마치지 못한 날이 많았다. 그러나 멈출 수 없었다. 두려움 속에서도 배움을 이어가는 것만이 살아가는 법임을 깨달았다. 그 배움이 결국 나를 살게 했다.

현실 문제도 마주해야 했다. 지출은 눈덩이처럼 불어났고, 육아휴직으로 소득이 끊기자 어려움은 더욱 커졌다. 나는 정해진 범위 안에서 돈을 아껴 써야 했고, 남편 수입에 의존할 수밖에 없었다. '아이의 미래를 위해 내가 직접 할 수 있는 방법이 있을까?'라는 생각이 머릿속을 떠나지 않았다.

　해답을 찾기 위해 나는 경제 책을 집어 들었다. 유명한 책들을 차례로 펼쳤고, 아이가 낮잠을 자면 식탁 한쪽에 앉아 노트에 개념을 적었다. 매일 신문 경제면을 읽으며 처음에는 외계어 같던 '기준금리', 'ETF', '분양권' 같은 단어를 조금씩 익혔다. 가계부를 새로 쓰고 카드 지출을 분석하며 불필요한 소비를 줄였다. 마트에서 장을 볼 때는 할인과 적립금, 쿠폰을 꼼꼼히 챙겼고, 금액을 비교하며 생활비를 아낄 방법을 하나씩 적용했다. 경제 공부는 단순히 돈을 다루는 법이 아니라, 배움을 행동으로 옮기며 삶을 계획하고 미래를 책임지는 힘을 길러주는 과정이었다. 하루하루 공부를 이어가면서 눈빛은 점점 또렷해졌고, 머릿속에 새 지식이 차곡차곡 쌓이는 느낌이 생기를 불어넣었다.

　그러던 중, 이사 때마다 불안하게 흔들리던 아이의 모습이 떠올랐다. 낯선 집에 들어서자 아이는 손끝으로 벽지를 만지작거리고, 눈동자를 이리저리 굴렸다. 2년마다 새로운 집으로 이사했으니 모든 것이 낯설 수밖에 없었다. 새로운 방에 들어가기를 꺼렸고, 밤이 되어도 쉽게 잠들지 못했다. 하루 일정에서 사소한 변화만 있어도 힘들어하던 아이에게 잦은 이사는 큰 불안이 될 수 있었다. 나는 그 모습을 보며 내 집 마련을 목표로 삼았다. 동네 부동산 중개사무소로 향했다. 메모장을 꼭 쥐고 질문을 꺼냈다.

　"이 아파트는 어느 초등학교로 배정되나요? 가장 조용한 동은 어디인가요? 근처에 공사 계획은 없나요?"

초보임을 들키고 싶지 않았지만, 긴장이 묻어났다. 처음엔 목소리가 떨렸지만, 질문을 이어갈수록 점점 또렷해졌다. 소장은 바쁜지 수첩만 뒤적이며 옆 사람과 대화를 이어가려 했다.

"매물이 없어요. 지금."

"그래요? 그럼 매물 나오면 연락해 주세요. 연락처 남길게요."

어디서 이런 당참이 솟아났는지 나도 놀랐다. 그 순간, 나는 더 이상 머뭇거리는 초보가 아니었다. 작은 떨림 속에서도 한 발 내디딘 내 목소리가 나를 단단하게 세워주고 있었다.

그 뒤로 나는 집을 보러 다니며 계속 발품을 팔았다. 처음엔 집 근처 단지만 살펴보다가 점점 멀리까지 다녔다. 낯선 골목, 버스 노선, 학교 앞 분위기까지 세세히 관찰했다. 가격과 평수뿐 아니라 채광, 환기, 층간 소음, 주변 개발 계획까지 살피며 집 보는 눈을 길렀다. 집에 돌아와 노트를 펼쳐 그날 본 집의 장단점을 적고, 인터넷 카페에서 실거래가를 하나하나 확인했다. 은행에도 여러 번 발걸음을 옮겼고, 엑셀 창을 열어 복잡한 이율을 계산하며 청약 제도, 대출 금리, 세금 체계를 하나씩 익혔다.

마침내 그날이 왔다. 아침부터 마음이 분주했다. 남편과 함께 은행으로 향해 서류를 제출하고 나서야 나는 안도의 숨을 내쉬었다. 은행 문을 나서자, 매도자가 기다리고 있었다. 회색 코트를 단정히 걸친 그는 우리를 바라보며 빙그레 웃었다.

"젊은 사람들이 참 부지런하네."

분양사무소 안에서 계약서에 펜을 들었을 때 손끝은 살짝 떨렸지만, 어쩐지 마음은 단단했다. 창밖으로 들어오는 겨울 햇살 속에서 나는 우리 가족의 웃는 얼굴을 떠올렸다. 이제 이 집은 우리 것이었다. 더 이상 짐을 싸서 떠나지 않아도 된다. 내 집 마련은 단순히 자산을 얻는 일이 아니라 삶을 안정시키고, 내 힘으로 길을 만들어가는 과정이었다.

그림책의 질문이 다시 떠올랐다.

"살면서 무엇을 배웠을까?"

나는 두려움 속에서도 한 걸음을 내디디며 용기를 얻었다. 아이의 진단 앞에서는 책임을 배웠다. 부동산 공부 속에서는 계산과 비교를 거듭하며 계획하는 힘을 길렀다. 낯선 사람 앞에서 질문하며 자신감을 쌓았고, 어려운 결정을 직접 실행하며 실천의 무게를 느꼈다. 그 모든 경험이 모여 나를 조금씩 단단하게 만들었다. 결국 내가 배운 모든 것이 지금의 나를 일으켰다. 두려움 속에서도 앞으로 나아가게 하는 힘, 바로 배움이었다. 배움은 용기였고, 동시에 행동이었다. 그 힘 덕분에 나는 지금도 흔들림 없이, 나의 삶을 사랑하며 살아가고 있다.

2

'핑'으로 다시 시작된 나의 삶

김미애

    올림픽 탁구 경기를 본 적이 있다. 끝없이 오가는 공의 움직임이 흥미로워 친구들과 함께 탁구를 치러 갔다. 그러나 우리의 경기는 일방적인 한 번의 공격으로 금세 허무하게 끝나 버렸다. 여러 번 친구에게 공을 보냈지만, 공이 되돌아오지 않거나 엉뚱한 방향으로 가버려 제대로 된 경기를 이어갈 수 없었다. 인생은 마치 탁구 게임과도 같다는 생각이 든다. 한때는 친구와 했던 경기처럼 '핑'을 날려도 '퐁'이 돌아오지 않는다고 생각했다. 하지만 지금은 '핑'을 날리면, 언젠가는 '퐁'이 돌아온다고 믿는다. 그러나 '퐁'이 언제, 어떤 방향으로, 어떤 속도로 돌아올지는 아무도 알 수 없다는 것도 깨달았다.

    우리는 누구나 마음속에 '핑'을 품고 살아간다. 말 한마디, 손길 하나, 용기 있는 도전, 사랑 고백, 도움의 손길…. 그 모든 시도가 우리

인생의 '핑'이다. 생각한 대로 흘러가지 않는 삶, '핑'에 대한 반응이 달라서 인생은 쉽지 않다. 나도 그랬다. 이렇게까지 했는데 왜 아무 일도 일어나지 않을까. 왜 아무도 진심을 몰라줄까. 왜 세상은 이렇게도 무심한가. 고통 섞인 의문을 가지고 내가 원하는 대답을 기다렸다. 어린 시절 친구가 먼저 손 내밀어 주기를, 감정을 말하지 않아도 내 마음 알아주기를, 기회가 저절로 주어지기를 바랐다. 하지만 그렇지 않았다. 나는 그 자리에 멈춰서 하염없이 울기만 했다.

오지 않는 대답을 기다리는 게 아니라 내가 먼저 끊임없이 표현하고 더 적극적으로 살기로 결심했다. 나에게 '욕망녀'라는 별명을 붙였다. 조금 엉뚱할지도 모르지만 내가 간절히 바라는 것들을 외면하지 않고 챙기며 살아야겠다는 의지였다. 인정과 사랑을 받고 싶었다. 조금이라도 인정받기 위해 세 번의 수능시험 끝에 교육대학교를 입학하게 된 나를 보고 친척들은 '의지의 한국인'이라 불렀다. 스스로 만들어가는 삶이 자랑스러웠다.

그러나 내 마음처럼 쉽게 되지 않는 게 있었으니, 바로 연애였다. 스물일곱 살이 될 때까지 나는 '모태 솔로'라는 이름표를 달고 살았다. 누군가를 좋아한다고 용기 내어 말해도 그 마음은 상대에게 부담으로 다가갔다. 남들은 자연스럽게 연인이 되어 가는데 내겐 높은 산을 오르는 일만큼이나 어려웠다. 그래서 사랑을 늘 혼자 시작했고 상처도 혼자 감당해야 했다. 그렇게 짝사랑의 시간이 켜켜이 쌓여갔다. 사랑 앞에서 주저하지 않고 보냈던 수많은 날이 결국은 나를 단단하게 세워주었다. 감정에 솔직했던 지난날을 후회하지 않는다.

지금은 남편과 두 아들이 내 곁에 함께한다. 짝사랑이 아닌, 함께 사랑하는 남자를 만나 행복한 결혼생활을 이루었다 생각했다. 다정한 남편에게 사랑받는 아내로 칭찬받고 싶었다. 하지만 그는 내가 작은 실수를 하거나 학교 일을 부탁할 때면 종종 퉁명스러운 표정을 지었다. 말은 짧게 끊어 내뱉었고, 목소리에는 성가신 기색이 묻어났다. 말투 속엔 짜증도 섞여 있었다. 한숨을 내쉬며 고개를 돌리기도 하고 "그걸 꼭 지금 해야 해?"라며 못마땅한 표정을 지었다. 남편의 불만이 쌓일수록 아내로서의 자존감도 떨어졌다. 결혼 후 아이들을 낳고 키우면서 남편은 더 이상 사랑한다고 말하지 않았다. 서로의 상황을 이해 못 하고 싸우다 보니 뜨겁던 사랑이 식어가는 중이었다.

> "우리가 살면서 다양한 '퐁'을 원한다면 먼저 많은 '핑'을 해야 한다는 것을 기억하세요."
>
> — 『핑』 아니 카스티요 글·그림, 달리

그때 그림책을 읽으면서 사랑받고 싶은 아내로서 '핑'을 되새겨 보았다. 나는 남편에게 얼마나 많은 '핑'을 했을까? 진심으로 건넨 '핑'은 몇 번이나 되었을까? 대접을 바라고 요구만 했지, 노력은 하지 않았다는 것을 깨달았다. 그 후로 남편에게 작은 '핑'이라도 꾸준히 보내기 시작했다. 먼저 퇴근 후 문을 열고 들어서는 남편에게 수고했다며 반갑게 인사하고 출근할 때는 응원의 말을 건넸다. 남편은 "왜 이러나?"라며 어색해했지만 멈추지 않았다. 작은 일에도 고맙다고 표현하고 사랑한다는 말을 아끼지 않았다. 나의 사랑 고백에 남편은 항상 대답이 없었다. 진심이 전혀 전달되지 않은 것 같아 서운했던 날도 있었다. 돌아오는 대답이 없어 실망한 마음을 다독이며 계속해서 남편을 향해 '핑'을 날렸다.

꾸준히 애써온 결과 남편의 말과 행동도 서서히 달라졌다. 무뚝뚝한 남편이 "잘 다녀올게."라며 아침 인사를 하기 시작했다. 회사 회식을 가면서 술을 마신 뒤 연락이 되지 않아 걱정시켰던 그가 "여기 상남동에서 회식 중, 10시에 귀가 예정"이라고 연락하기 시작했다. 마트에서 장을 본 뒤 카드가 든 지갑이 보이지 않았다. "남편, 카드 지갑을 마트에 흘리고 왔나 봐. 내가 얼른 가봐야겠다." 말하니 남편은 나에게 집에 있으라며 혼자 지갑을 찾기 위해 마트를 돌아다녔다. 바로 찾지 못했는지 우리가 이동했던 장소마다 들렀다. 그런데 짐을 정리하면서 가방 깊숙이 내 지갑이 보였다. 이를 어쩌나 잔소리 듣겠다 싶어 조심스레 남편에게 전화했다. "남편, 지갑 찾았어. 가방 속에 있었어." 하지만 예상과는 다르게 전화기 너머 "다행이다."라는 말이 들렸다.

열심히 '핑'을 보내니 비난 대신 다정한 '퐁'이 되돌아온다는 것을 지갑 사건을 통해 깨달았다. "사랑해."라고 말하면 "그래, 사랑해."라며 대답하는 남편의 달라진 모습에 힘이 났다. 되돌아보면 내가 보냈던 '핑'들이 어디론가 흘러가 결국 나에게 닿았음을 깨닫는다.

반응 없던 남편에게서 나를 인정하고 소중히 대해 주는 '퐁'이 던져졌을 때, 이 세상 무엇보다 행복했다. 나와 가장 가까운 사람의 변화를 통해 용기가 생겼다. 가족이 아닌 친구나 동료, 학부모에게 보낸 '핑'이 전혀 기대하지 않았던 곳에서의 '퐁'이 되어 위로받았다. 어느 날은 우연처럼 새로운 기회가 생기고, 누군가는 내 마음을 기억하고 있다고 말해준다. 나의 삶, 좋아하는 것들을 글로 써서 공저 책이 출간되었고 블로그에 글을 쓰는 활동도 한다. 멋진 결과만을 위해 하는 것은 아니다. 꾸준히 멈추지 않고 '핑'을 하는 삶을 살아갈 때 가장 행복하고 소중하기 때문이다.

'핑'을 보내는 일은 우리가 사랑하고 살아가는 방식이다. 모두에게 똑같이 주어진 삶이지만 누군가는 행복하며 누군가는 불행하다. 행복과 불행의 차이는 돌아오는 '퐁' 때문일 것이다. 하지만 '퐁'에 상관없이 꾸준히 '핑'을 한다면 불행하지 않을 수 있다. 먼저 마음을 열고 결과와 무관하게 시도하고, 상처받을 수도 있음을 알면서도 용기를 내는 일. 그것을 '삶'이라 부르고 '성장'이라 부르며, 때로는 '희망'이라 부른다.

"우리가 살면서 다양한 '퐁'을 원한다면, 먼저 많은 '핑'을 해야 한다는 것을 기억하세요."

기다리기만 하는 삶이 아니라, 용기 내어 시도하는 삶. 상대의 반응에 좌우되지 않고, 자신을 믿는 삶. 그런 삶이 결국 우리를 성장시키고 세상과 이어지게 한다. 누군가의 응답을, 세상의 인정을, 변화의 신호를 얻고자 한다면 나와 같이 '핑'을 보내보도록 하자. 기대한 '퐁'이 돌아오지 않더라도 그 '핑'은 절대 헛되지 않다. '퐁'보다는 '핑'을 하는 자신을 소중히 여기고 사랑한다면 충분히 의미가 있다. 삶은 계산대로 움직이지 않지만 정직한 마음을 알아보는 순간이 존재한다고 믿는다.

3

언제든 돌아오렴
김선호

"이제 곧 도하가 태어나기까지 한 달도 남지 않았네. 솔직하게 나는 실감이 나질 않아. 나 아빠로서, 남편으로서 잘 해낼 수 있겠지?"

"이제 한 달밖에 안 남았는데 실감이 나질 않는다고? 음, 나는 도하를 뱃속에 아홉 달 동안 품으면서 하루가 다르게 자라나는 존재감을 느낄 수 있었지만, 자기는 그런 신체적 변화가 없으니 그럴 수 있겠다. 지금처럼 함께 있어 주기만 하면 그걸로 충분해."

아내의 말을 듣고 나서 내가 아빠가 되었다는 것을 체감했던 순간을 떠올려 보았다. 임신 테스트기에 선명한 두 줄이 떴을 때, 병원에서 초음파를 통해 아이가 조금씩 자라가는 것을 보았을 때, 집에서 책을 읽거나 이야기를 하며 태교할 때 등등. 그 순간에는 우리 부부를 닮은 한 생명이 있다는 것을 분명하게 느낄 수 있었다. 그러나 아내만큼의 직접적인 신체적 변화가 없으니, 바쁜 일상 가운데 내가 아빠가 되었다는 사실은 기억 속 저 멀리 사라지곤 했다. 그러다가 문득 아내와 딸이 생각나는 순간, 내가 정말 남편으로서, 아빠로서 잘 해낼 수 있을지 막연한 걱정과 두려움이 몰려왔다.

2020년 4월 27일, 수술 당일 아침 두렵고 떨리는 마음으로 아내와 함께 병원으로 향했다. 아내가 수술실에 들어가고 얼마 지나지 않아, 아내 이름이 불림과 동시에 딸과 처음 만나게 되었다. 생각보다 너무 작았다. 이 소중한 아이를 위해 나는 무엇을 해주어야 할까 고민했다. 고민 끝에 육아휴직을 선택하게 되었다. 아이와 더 많이 부대끼고 함께하며 사랑을 표현해 주고 싶었기 때문이다. 그렇게 나의 육아 생활이 시작되었다. 물론 생각했던 것만큼 능숙하게 먹이고 씻기고 재우지는 못했지만, 조금 시간이 흐르자 나름대로의 요령이 생겨 낮잠 재우고 커피 한 잔을 즐기는 여유까지 생겼다.

문제는 이유식이었다. 이유식 한 끼를 준비하는 데에 이렇게 많은 시간과 노력이 필요할 것이라곤 미처 생각하지도 못했다. 그리고 이유식을 만드는 것보다 먹이는 데에 더 큰 에너지가 필요하다는 것도 말이다. 아침에 차리며 점심을 준비하고, 점심을 먹이면서 저녁을 준비하고, 저녁을 먹이며 다음 날 아침을 준비해야 하는 뫼비우스의 띠 같은 생활이 생각 이상으로 힘이 들고 고되었다. 그래도 이유식을 맛있게 먹으며 신이 난 딸을 보면 행복하다는 생각과 함께 '아! 그동안 아내는 딸의 이런 표정을 보며, 이런 생활을 했던 것이구나.'라는 생각이 들었다. 육아휴직을 통해 아내의 육아 고충에 공감할 수 있게 되고, 딸에 대해서 새롭게 알게 된 것이 참으로 많았다. 딸이 맛있는 것을 먹을 때에는 어떤 표정인지, 싫다는 표현은 하지 않았지만 한껏 치켜 올라간 눈썹만으로도 지금 감정 상태를 알 수 있었다. 집중할 때 윗니로 아랫입술을 깨무는 습관이 있다는 것도 말이다. 딸을 바라보던 아내의 눈빛에 담긴 그 수많은 감정들이 이제는 조금씩 이해가 되기 시작했다.

"아! 육아휴직 하기를 잘했다!"

나는 주변 사람들에게 진짜 '사랑'을 느껴보고 싶으면 육아휴직을 해서 온전히 아이와 함께하는 시간을 가져보라고 권한다. 온전히 아이와 함께하는 시간을 통하여 함께 호흡하며 아이가 무슨 생각을 하는지, 그리고 어떤 표정을 짓는지, 무엇에 관심이 있는지 조금씩 알아가라고 말이다. 그러면 이전과는 전혀 다른 '사랑'을 느낄 수 있게 되기 때문이다.

놀이터만 보면 뒤도 돌아보지 않고 뛰어가는 딸을 보면서 언제 이렇게 컸나 싶다. 옛말에 아기는 자고 일어나면 큰다는 말이 맞는 것 같다. 다시는 돌아오지 않을 지금의 모습을 한 번이라도 더 바라보고자 연신 카메라를 눌렀다. 사진 속의 딸을 보면서 지금 이 시간이 얼마나 감사한 것인지 새삼 깨닫게 된다. 이 소중한 순간 어느 것이 딸에게 더 좋은 것일지 고민하게 되고, 또래 친구들과 마찬가지로 때에 맞추어 잘 성장하고 있는지 걱정이 되기도 한다. 그래서 더 책도 읽어주고 싶고 운동도 시켜주고 잘 먹이고 싶어 욕심을 부리게 된다. 어떤 말을 해주어야 언어 발달에 좋을지 책도 읽어보며 딸의 말문이 열리기를 재촉하게 된다. 한 입이라도 더 먹이고 싶어서 숟가락을 들고 다니며 사정하게 되고, 조금이라도 더 키가 클 수 있을까 해서 놀고 싶어 하는 딸을 억지로 눕혀 다리 마사지를 했다. 그럼에도 항상 불안했다. 왜냐면 내가 노력한 대로 즉각적인 효과가 나타나는 것이 아니기 때문에, 나의 노력이 과연 딸에게 옳은 것인지, 좋은 것인지 확신이 없기 때문이다. 왠지 모를 불안함에 휩싸여 잠을 설칠 때도 많았다.

그러다가 문득, 『맹자(孟子)』의 「공손추(公孫丑)」 상(上)에 나오는 '拔苗助長(발묘조장)'이라는 사자성어가 떠올랐다. 중국 송(宋)나라의 한 농부가 농사짓던 벼를 자라게 하고 싶어 손으로 잡아 뽑았고, 결국 벼는 말라 죽어 버렸다는 이야기이다. 순리에 맞지 않게 서둘러 성과를 얻으려고 어리석은 행동을 하는 사람 또는 성급하게 행동하여 일을 그르치게 되는 부정적인 상황을 묘사하는 것이다.

내가 딸을 위한다고 행동했던 일들이 어리석은 농부처럼 벼의 순을 잡아 빼고 있었던 것들은 아닐까 돌아보았다. 실제로 지난 시간을 돌아보면, 그동안의 걱정은 그야말로 기우였다. 말이 더딘 것 같다고 걱정했지만, 얼마 지나지 않아 말문이 터져 귀에서 피가 날 것 같았다. 그리고 밥을 잘 안 먹는 것 같아 걱정했던 때에도 영유아 검진에서는 항상 '정상'이라는 두 글자가 나왔다. 실제로 딸에게 물질적으로, 정신적으로 무언가를 더 해주어야겠다고 노력한 것들의 효과는 미미했던 것 같다. 결국 딸에게 진짜 필요했던 것은 그저 '부모'라는 든든하고 안전한 그늘이었다.

> "세상을 훨훨 날아다니렴. 날다가 힘들어 쉬고 싶을 때 언제든 돌아오렴."
>
> ― 『우리는 언제나 다시 만나』, 윤여림 글 · 안녕달 그림, 위즈덤하우스

'아빠, 엄마'라는 말만 들어도 위로가 되고 안심이 된다. 지금 이 순간 딸에게 있어 나와 아내는 이 세상의 전부일 것이다. 곧 그 자리는 친구로 채워질 것이고, 머지않아 자신의 이야기와 모험으로 가득하게 될 것이다. 그래서 딸에게 진짜 필요한 것은 특별한 무언가가 아니라, '그저 함께하며 기도해 주는 것'이라는 것을 깨닫게 되었다. 솔직히 주위 이야기를 듣다 보면, 불안해지면서 지금 당장 무엇이 필요하고 도움이 될까 하는 걱정이 앞서는 건 사실이다. 하지만 그보다 우선되어

야 하는 건 바로 '마음의 안정'이다. 그래서 매일 자기 전 딸을 꼭 안아주며 이렇게 이야기해 주고 있다.

"뒤에는 항상 엄마, 아빠가 있어. 그러니 힘들고 지치면, 언제든 멈춰서 뒤돌아봐! 아빠가 꼭 안아줄게!"

아이에게 무엇이든 풍족하게 채워주고 싶은 것은 모든 부모의 마음일 것이다. 그러나 끊임없이 변화하는 이 시대에 모든 것을 채워주기란, 밑 빠진 독에 물을 붓는 것과 같다. 부질없이 무언가를 해 주려고 노력하기보다는, 아이가 이 세상을 훨훨 잘 날아다닐 수 있도록 응원하고 격려하는 것이 부모의 역할이라 생각한다. 언제나 너의 편이 되어주는 사람, 엄마와 아빠가 곁에 있다는 것을 알려주는 것이다. 오늘 이 순간도 딸이 성장하는 순간임을 기억하며 온 마음으로 '사랑'을 표현하고, 딸을 비롯한 가족 모두에게 든든한 버팀목으로 자리할 수 있기를 진심으로 기도한다. 오늘도 뜬눈으로 밤을 지새우며 육아에 동참하는 모든 초보 엄마, 아빠에게 지금도 충분히 잘하고 있다고 응원을 보내고 싶다.

4

필라델피아를 향하여
김효정

　6학년 아이들에게 아침마다 그림책을 읽어주던 때였다. 그날의 책은 『헨리의 자유 상자』였다. 주인공 헨리의 고통에 마음이 갔다. 노예로서의 삶도 그랬지만, 그가 작은 상자 속에서 겪었을 고통을 생각하니 절로 인상이 찌푸려졌다. 고통은 유익하다지만 나는 고통이 싫었다. 고통 없는 삶을 살고 싶었다. 하지만 삶에는 항상 고통이 존재했다.

　헨리 박스 브라운은 실존 인물이다. 그의 이름에 있는 박스는 우리가 아는 상자라는 의미의 'box'가 맞다. 'box'는 그에게 특별한 의미가 있다. 헨리는 미국 남부 버지니아주의 노예였다. 그는 담배공장에서 일했다. 그러던 중 가족이 팔려 가는 끔찍한 고통을 겪었다. 그러나 그는 고통 속에 무너져 있지 않았다. 현실에 순응하지도 않았다. 그는 노예에서 자유인이 되기로 결심했다. 자유인이 되기 위해 그는 작은 상자에 들어갔다. 상자에 숨어 36시간 동안 기차, 배, 우편 마차를 거쳐 1,000km를 이동해 필라델피아에 도착했다. 이것이 그의 이름에 'box'가 들어간 이유다. 필라델피아에서 그는 드디어 염원하던 자유인이 되었다.

변화를 맞이하는 일은 언제나 쉽지 않다. 뇌는 익숙한 것을 지키려 하고, 그 저항이 우리를 괴롭게 만든다. 헨리에게 상자는 고통이었다. 그러나 자유인이 되기 위한 수단이기도 했다. 헨리처럼 고통을 겪는 내 앞에 상자가 있다면 어떻게 할 것인가? 고통에서 벗어나기 위해 상자에 들어갈 것인가, 아니면 상자가 주는 고통이 두려워 그대로 고통을 겪을 것인가?

늦게 결혼하고 나서, 나는 임신을 간절히 바랐다. 힘들게 임신이 되었고, 전치태반과 각종 사건으로 어렵게 출산했다. 그 당시는 코로나 시대였기 때문에 아기를 보는 것만도 쉽지 않았다. 병원에서 허락된 아기와의 만남은 딱 한 번이었다. 아기를 만나기 위해서는 우선 걸어야 했다. 제왕절개를 했던 나는 수술 후 그날 오후부터 걷기 연습을 했다. 그러나 첫발을 딛자마자 고통으로 그대로 주저앉아버렸다. 너무 아팠다. 그래도 아기를 보고 싶은 마음에 이를 악물고 일어났다. 부축해 주는 남편 손을 의지하며 그렇게 몇 번이고 걸었다. 아기를 보러 갔다. 신생아집중치료실에 누워 잠들어 있는 아기는 너무 작았다.

3분도 안 되는 짧은 시간이었지만 정말 행복했다.

   시간이 지날수록 아기가 너무 보고 싶었다. 예쁜 하늘을 봐도 눈물이 났고, 남편과 대화하다 가도 눈물이 났다. 기다림은 힘들었고, 예상보다 긴 아기의 입원은 나를 자꾸 두렵게 만들었다. 게다가 출산 후 4일째부터 젖이 돌기 시작했다. 처음 겪는 젖몸살에 엉엉 울면서 센터에 전화해서 마사지 예약을 했다.

   2주 후 아기를 데리러 갔다. 병원에는 한 사람만 들어갈 수 있었는데, 남편은 거듭 아기를 안은 채로 엘리베이터 버튼을 누를 수 없다며 같이 가자고 고집을 피웠다. 말도 안 되는 소리였지만 남편의 고집은 대단했다. 조마조마한 마음으로 같이 중환자실로 갔다. 2.33kg으로 태어났던 아기가 2.3kg에 퇴원했다. 카시트에 앉혀 놓기에도 너무 두려웠던 작은 아기. 우리 부부는 옥신각신 다툼 끝에 아기를 안고 가기로 하고, 1시간을 덜덜 떨면서 산후조리원으로 갔다. 모자동실을 운영하지 않아서 거기서도 분유를 먹일 때만 아기를 만날 수 있었다. 익숙하지 않은 수유 자세가 불편했지만, 아기만 편하면 그만이었다. 아기는 종종 분유를 먹다가 잠들었는데 그럴 때면 나는 간호사가 와서 아기를 데려갈 때까지 같은 자세로 한참을 있곤 했다.

   다시 2주가 지나 3kg이 된 아기를 안고 집으로 왔다. 아기를 키우는 고통은 어마어마했다. 양가 부모님이 산후도우미 쓰는 것을 반대하셨기 때문에 초짜 부모인 우리 부부는 스스로 아기를 돌봐야 했다. 오전에 잠시 시어머니가 봐주셔서 그나마 다행이었다. 잠을 제대로 못 자는 것은 예사였고 모든 것을 울음으로 표현하는 아기의 마음을 알아차리기 위해 많은 애를 써야 했다. 제일 힘들었던 것은 온도 조절이었다. 온도가 조금이라도 맞지 않으면 아기는 딸꾹질했고, 태열이 올라와 예쁜 얼굴이 벌겋게 되었다. 시행착오가 많았다. 백일이 될 때까지 우리는 그렇게 단절된 채 집에서 아기를 키웠다. 아기를 낳고 키우는 것이 너무 고통스러웠지만 나는 기꺼이 그 고통을 감내했다.

  그런데 자꾸 사람들이 둘째를 낳으라는 것이다. 혼자는 외롭다고, 둘은 있어야 한다고. 나와 비슷하게 출산했던 친구는 다시 몸을 잘 추슬러서 둘째를 낳았지만, 나는 임신과 출산이라는 과정을 다시 겪고 싶지 않았다. 너무 고통스러웠기 때문이었다. 그래서 노력은 하지 않기로 하고 임신을 기다렸다. 그랬더니 아기가 잘 생기지 않았고, 생겨도 금방 유산이 되었다. 유산의 과정을 몇 번 겪다 보니 나중에는 임신 자체가 두려워졌다. 우연히 생긴다면 감사하게 낳을 생각이었지만 노력 없는 우연은 없었다.

  고통은 누구나 원하지 않는 것이지만 고통 없이 얻을 수 있는 것은 없다. 그러니 우리는 선택해야 한다. 고통스럽더라도 고통을 감내하며 목적을 이룰 것인지, 그대로 있을 것인지를. 헨리는 고통스럽더라도 상자에 들어가는 고통을 겪었기 때문에 노예의 삶에서 벗어날 수 있었다. 만약 그가 상자에 들어가지 않았다면, 상자가 주는 고통은 겪지 않았을 테지만 노예로서의 고통은 여전했을 것이다. 그는 고통스러워도 포기하지 않고, 삶의 의미를 찾으며 변화를 선택했다. 그렇기에 자신을 보호하고 소중한 삶을 지켜낼 수 있었다. 이열치열(以熱治熱)이라고 했던가? 나는 고통은 고통으로 이겨낸다는 점에서 이고치고(以苦治苦)라고 하고 싶다.

사람은 누구나 고통을 겪는다. 외연적이든 내면적이든 고통은 하나의 비상벨이다. 뭔가 문제가 생겼기에 울리는 것이다. 우리가 어떤 선택을 하느냐에 따라 버지니아주에 그대로 있을 수 있고, 필라델피아로 갈 수도 있다. 버지니아주에 그대로 머물러도 된다. 끝이 없는 고통은 없기 때문이다. 영원할 것 같으면서도 시간이 지나면 희석되고 잊힌다. 그래서 "이 또한 지나가리라." 하며 자신을 위안하지 않았던가.

그러나 분명한 것은 고통은 나를 필라델피아에 데려다주는 수단이 될 수 있다는 점이다. 필라델피아는 어떤 이에겐 평생 단 한 곳일 수도 있고, 고통의 순간마다 달라질 수도 있다. 그러나 변화를 통해 도달하고 싶은 목적지라는 점에서는 동일한 의미를 지닌다. 고통이라는 비상벨이 울릴 때, 나는 우리가 삶을 보다 튼튼하고 가치 있게 짓기 위한 선택을 하길 바란다. 고통의 원인으로부터 자신을 보호하고 소중한 삶을 지켜내길 원한다. 고통은 당하는 것이 아니라, 이겨내는 것이다. 그래서 고통스럽더라도 헨리처럼 필라델피아에 이르기를 소망한다.

"필라델피아에 온 것을 환영하네."

-『헨리의 자유 상자』 엘린 레빈 글·카디르 넬슨 그림, 뜨인돌어린이

5

힘든 일이 있을 땐 털어놓아
문미영

    사람들은 걱정을 많이 한다. 하지만 '사람들이 하는 걱정의 85%는 실제로 일어나지 않는다.'라는 하버드의 연구 결과가 있듯, 걱정만 한다고 해서 일이 해결되지 않는다. 간단하게는 점심, 저녁 메뉴부터 크게는 나의 인생을 변화시킬 일까지 매일 걱정과 고민의 연속이다. 나는 요즘 '어떻게 해야 간 수치가 정상으로 돌아가며 다시 임신 준비를 할 수 있을까.'로 고민하고 있다. 간 수치가 높다는 이유만으로 1년 동안 시험관 시술을 하지 못했다. (작년 9월에 네 번째 유산을 하고 시술은 쉬고 있다.) 시술하면서도 간 수치가 높아지는데, 준비할 때부터 수치가 높으면 위험하고 몸에도 부담이 간다는 이유에서다. 어느덧 서른여섯 살(89년생)이라 노산에 해당하는 나이인데, 언제까지고 임신을 미룰 수 없다는 초조함과 불안감이 밀려온다. 하지만 나의 이런 상황과 감정을 모르는 사람들은 간혹 물어본다.

"시험관 시술 다시 하고 있어요? 어느 병원 다니고 있어요?"라고. 그럴 때마다 답답하기도 하고, 자꾸 이런 질문을 하는 사람들이 무례하다고 느낀다. 그렇다고 매번 사람들에게 대꾸하거나 반응을 보이기도 지친다. 나의 난임 에세이 책을 읽은 사람들은 스트레스를 받는 상황인 걸 알기에 물어보지 않는다. 하지만 나를 처음 만났거나 난임 에세이를 낸 작가인 걸 모르는 사람들이 문제이다.

> "그리고 내가 구구단 때문에 얼마나 걱정되고 마음이 무거운지도 친구들에게 말했어요."
>
> —『대화를 하면』, 배우나 글·그림, 창조와지식

그림책 덕분이었을까. 용기가 생기기 시작했다. '그래 맞아, 사람들은 나에게 관심이 있다는 걸 표현하기 위해 악의 없이 물어보는 거야. 내가 예민해져서 과민반응을 보이는 거고. 그냥 나의 상황을 이야기하면서 앞으로는 주의해 주셨으면 좋겠다고 솔직하게 털어놓으면 되지.' 그 이후로 사람들에게 용감하게 이야기한다.

최근에 옆집 중년 부부와 마주쳤다. 엘리베이터를 같이 기다리는데 그 부부가 말을 걸기 시작했다.

"집 앞에 자전거가 두 대 있던데, 잘 타고 다니세요? 혹시 아이 건가요? 아이 몇 명 있어요?"

딱 봐도 성인용 자전거인데, 아이가 타냐고 물어보는 이웃이 이해되질 않았다. 하지만 흥분하지 않고 차분하게 대답했다.

"아니요. 저희는 아직 아이가 없습니다. 남편이랑 둘이 살고 있어요. 아이가 잘 안 생겨서 병원도 다니고 노력 중이에요. 그래서 난임 에세이를 출간했습니다. 저 작가예요."

그랬더니 부부는 당황해하시고 미안해하셨다.

"아이고. 어째요. 괜히 물어봤네요. 이 밑에 자전거 도로 잘 만들어져있으니 자전거 타고 가보세요."

예전의 나였다면 흥분해서 욱하거나 상대방에게 싫은 티를 많이 냈을 테다. 하지만 그림책을 읽으면서 차분해지고 욱하는 성격을 고쳤다. 그림책은 어린이를 위한 책이지만 성인이 읽어도 좋다. 그림책을 읽고 나서 성격도 긍정적으로 변했다. 그림책에 나온 구절처럼 "내가 난임 때문에 얼마나 힘들고 마음이 무거운지도 주변 사람들에게 말했어요."가 되었다.

사람은 표현하지 않으면 절대 알 수가 없다. 상대방이 무슨 생각을 하거나 어떤 고민이 있으며, 어떤 걱정을 하는지. 나 또한 말 안 하고 혼자 끙끙 앓다가 상처받아 인연을 끊은 적도 많았다. 상대방에게 어떤 점이 서운했는지 혹은 어떤 말은 듣고 싶지 않은지 솔직하게 이야기해야 했다. 지금에 와서 생각해 보니 말하지 않고 일방적으로 관계를 단절하려 한 내 잘못이 크다. 하지만 반대로 생각해 보면 그와 나의 인연이 여기까지인 것이다. 시절 인연이라는 말이 있듯 굳이 내가 힘들게 노력하지 않아도 나와 인연이라면(나와 맞는다면) 다시 돌아올 수도 있다. 가는 사람 안 붙잡고, 오는 사람 막지 않는다.

  사회생활을 하면서 인간관계로 인한 상처를 많이 받았다. 사람을 좋아하고 잘 믿고 정이 많은 편이라 많이 베풀었다. 하지만 다른 사람은 내 마음 같지 않았다. 이런 나를 이용하여 부려 먹거나 당연하다고 생각하는 사람들도 있었다. 심지어는 초면에 말을 놓는 사람도 있었다. 아무리 나이가 선배여도 의견을 묻지도 않고 반말하는 상황이 이해되질 않았다. 웬만하면 사람들 앞에서 잘 웃고 힘든 내색을 잘 안 하니 사람들은 나에게 좋은 일만 있을 거라는 오해도 많이 했다.
  내 책을 읽어본 사람들은 그제야 "정말 많이 힘들었겠다. 시험관 시술은 여자가 많이 힘들고 고생한다는데 어떻게 버텼어? 네가 티를 내지 않으니 전혀 몰랐어."라며 나를 이해해 주기 시작했다. 사람들에게 힘들다고 하소연하거나 상황을 이야기하니 조금씩 나를 배려해 주기 시작했다. 그동안 나의 상황을 잘 몰라서 이해하지 못한 사람들에게도 털어놓고 나니 오히려 더 가까워졌다. 그리고 본인들의 아픔이나 상황도 이야기해 주었다. 용기를 내어 털어놓으니 나를 흔쾌히 도와주거나 배려해 주는 사람들이 보였다.

  그림책의 한 문장이 나를 변화시켜 주었다. 이제는 힘들거나 아프면 사람들에게 표현한다. 나의 힘든 상황을 알고 이해해 주면 인연을 오래 이어가고, 약점을 이용하며 뒷담화하거나 이해하지 못하면 우리의 인연은 여기까지라 여기고 거리를 두게 되었다.

　이 글을 읽는 독자들도 나처럼 인간관계로 상처를 많이 받았을 테다. 사람들은 생각보다 남의 일에 관심이 없다. 말하지 않으면 내가 처해있는 상황이나 질병, 문제점, 고민을 절대 모른다. 사람마다 다 각자의 문제점이나 고민이 있지만 대부분의 사람들은 겉으로 티 내지 않거나 애써 감추려고 한다. SNS상에서도 행복하고 즐거운 모습들만 보여주려고 하지 않는가? 그 단편적인 모습만 보고 '왜 나만 불행한 거지? 왜 나만 힘든 거지?' 억울해할 필요도 걱정할 필요도 전혀 없다.

　힘든 일이나 고민이 있다면 혼자서만 힘들어하지 말자. 부모님, 친구, 주변 지인에게 솔직하게 이야기하고 같이 해결해 보아야 한다. 혼자서 해결 못 할 일도 여럿이서 머리를 맞대면 분명 해결책이나 답이 나온다. '백지장도 맞들면 낫다.'라는 속담도 있지 않은가. 아니면 나처럼 이렇게 글로 털어놓는 방법도 있다. 어떠한 방법을 사용하든지 밖으로 드러내면 한결 가벼워진다.

　이 글을 읽는 독자들의 생각이 바뀌어서, 용기를 내 본인의 고민이나 걱정거리를 가족이나 가까운 지인에게 이야기했으면 좋겠다. 그게 어렵다면 전문가를 찾아가서 조언을 구하거나 속 시원하게 고민을 이야기해 보자. 일단 밖으로 드러내기만 해도 마음이 한결 편해진다.

6

미술은 어디에나 있어
문순천

　보고 싶은 그림을 찾아 아무리 먼 곳이라도 마다 않고 찾아 나서던 시절이 있었다. 미술관에 발을 들이는 순간부터 그림을 마주하는 찰나의 순간, 그리고 다시 현실로 돌아오는 과정까지. 그 모든 시간과 비용이 전혀 아깝지 않았다. 오히려 그 짧은 감동은 마음속 깊이 만족감을 심어주었고, 일상에 지친 나에게 새로운 활력을 불어넣어 주곤 했다. 유명한 작품을 보기 위해 빽빽한 관람객들 틈에서 줄을 서는 일도 기꺼이 감수했다. 하지만 그저 유명하다는 이유만으로 작품을 감상해서는 미술의 진정한 매력을 느끼기 어렵다는 것을 깨달았다.

　유명 작가의 작품을 보기 위해 미술관을 찾았지만, 정작 내 발길을 멈추게 한 건 구석에 놓인 이름 모를 작가의 조각 작품이었다. 화려하지도, 거창하지도 않은 그 조각상은 왠지 모르게 따뜻한 기운을 품고 있었다. 그 앞에 한참을 서서 작품의 질감을 느끼고, 작가의 숨결을 상상하다 보니, 마치 작가와 내가 조용히 대화를 나누는 듯한 기분이 들었다. 그때 깨달았다. 미술은 작가의 명성으로 감상하는 것이 아니라, 작품이 전하는 순수한 감동으로 느껴야 한다는 것을. 미술은 보는 사람에게 무언가를 느끼게 해주고, 작품을 통해 다양한 세상을 보여주는 멋진 예술이니까.

> "미술은 어디에나 있어."
> - 『미술은 어디에나 있어』, 엘리 찬 글 · 리브 바그먼 그림, 런치박스

꼬꼬마 시절부터 내 눈에 예뻐 보이는 것에 유난히 마음을 뺏겼다. 공책에 정성스레 예쁜 글씨를 쓰거나, 알록달록한 그림을 그리거나, 칙칙한 교실을 아기자기하게 꾸미는 일에 푹 빠지곤 했다. 사람들은 흔히 미술 하면 갤러리나 박물관에 걸린 거창한 작품들만 떠올리지만, 나는 그때부터 이미 일상 속의 아름다움을 찾아 헤매는 사람이었던 것 같다. 그런 내가 "미술은 어디에나 있어."라는 문장을 만났을 때, 마치 잃어버린 퍼즐 조각을 찾은 듯한 기분을 느꼈다. '그래, 바로 이거야!' 하는 외침이 내 마음속에 울려 퍼졌다. 미술은 우리 삶에 깊숙이 스며들어 있다. 매일 아침을 여는 옷, 우리가 쓰는 물건, 머무는 공간, 심지어 눈과 귀를 즐겁게 하는 모든 것까지, 나는 이 모든 것이 생활 속 미술이라고 생각한다.

첫째, 옷은 나를 표현하는 예술이다.

매일 아침 옷장을 열고 '오늘은 뭘 입을까?' 고민하는 순간, 이미 나의 작은 미술은 시작된다. 옷은 단순히 몸을 가리는 것을 넘어 나를 표현하는 가장 직접적인 예술 작품이다. 색깔의 조화, 소재의 촉감, 디자인의 형태, 그리고 옷을 입는 방식까지. 이 모든 선택이 모여 나만의 스타일을 창조하고, 그 스타일은 곧 '나'라는 사람의 개성을 고스란히 보여주는 미술이 된다. 패션은 단순히 유행을 따르는 것이 아니라, 나 자신을 표현하고 다른 사람과 소통하는 언어이자 예술인 셈이다. 길을 걷다가 감각적으로 옷을 차려입은 사람을 보면 나도 모르게 눈길이 가고 기분이 좋아지는 것도, 그 사람의 패션이 하나의 아름다운 작품처럼 느껴지기 때문일 것이다.

둘째, 우리가 쓰는 물건들은 생활 속 디자인이다.

우리가 매일 사용하는 물건들, 예를 들어 스마트폰, 컵, 의자, 하다못해 연필 한 자루에도 미술은 깊이 숨어 있다. 기능성뿐만 아니라 얼마나 아름답고 감각적인 디자인을 가졌는지에 따라 그 물건에 대한 우리의 애착은 현저히 달라진다. 좋은 디자인은 단순히 예쁜 것을 넘어 삶의 질을 높여준다. 눈을 편안하게 해주는 색감, 불필요한 장식 없이 깔끔하게 떨어지는 선들. 이런 섬세한 디자인 요소들이 모여 물건을 사용할 때마다 만족감을 느끼게 하고, 우리의 일상에 소소하지만 확실한 즐거움을 더해준다. 잘 디자인된 물건은 우리의 삶을 더 편리하게 할 뿐만 아니라, 시각적인 즐거움을 제공하며 우리의 감성을 풍요롭게 만든다.

  셋째, 공간은 건축과 도시라는 미술이다.
  우리가 머무는 공간 자체도 거대한 미술의 영역이다. 집 안의 가구 배치, 벽에 걸린 그림 한 점, 창밖으로 보이는 정원의 모습. 이 모든 것이 우리 삶의 공간을 더욱 풍요롭게 만드는 미술적 요소들이다. 건축가들은 건물을 지을 때 단순히 기능적인 면만을 고려하지 않는다. 빛의 유입, 공간의 흐름, 재료의 질감, 그리고 주변 환경과의 조화 등 미적인 요소들을 치밀하게 계산하여 하나의 거대한 조각품을 만들어낸다. 도시의 거리 풍경도 마찬가지다. 건물들의 높이와 모양, 색깔, 간판의 디자인, 심지어 가로등 하나까지도 도시의 전체적인 인상을 좌우하는 미술적인 요소다. 잘 정돈되고 아름다운 도시를 걷는 것만으로도 우리는 시각적인 즐거움과 함께 편안함이나 활력을 얻을 수 있다. 도시는 그 자체로 수많은 건축물과 디자인 요소들이 조화를 이루어 만들어내는 거대한 캔버스다. 우리는 매일 도시를 거닐며 의식하지 못하는 사이에 수많은 건축물과 조형물, 그리고 공간 디자인을 통해 미술을 경험하고 있다.

  넷째, 눈과 귀를 즐겁게 하는 모든 것 또한 미술이다.
  미술은 시각적인 영역에만 국한되지 않는다. 영화 속 아름다운 장면들, 심지어 맛있는 음식을 눈으로 먼저 즐기는 행위까지도 넓은 의미에서는 미술과 깊이 연결되어 있다. 음식 플레이팅 하나에도 요리사의 미적 감각이 담겨 있고, 우리가 좋아하는 가수의 앨범 커버 디자인도 마찬가지다. 우리의 오감을 만족시키는 모든 경험 속에 아름다움을 추구하는 예술적인 행위가 담겨 있다. 영화의 미장센, 음악의 시각적 표현, 심지어 음식의 향과 맛까지도 예술적인 감각을 통해 우리의 오감을 즐겁게 한다. 우리는 끊임없이 오감을 통해 아름다움을 느끼고, 그 아름다움 속에서 삶의 깊이를 더하고 있다.

미술관에 가야만 미술을 만나는 것이 아니라는 사실을 깨달은 순간, 내 눈에 보이는 세상은 완전히 달라졌다. "미술은 어디에나 있어."라는 문장처럼, 거리의 건물들, 매일 입는 옷, 손에 들린 컵 하나까지도 다르게 보이기 시작했다. 그저 익숙했던 풍경 속에서 보석을 찾듯 소소한 아름다움을 발견하고, 그 순간순간이 나에게는 새로운 감동으로 다가왔다. 미술은 더 이상 전문가들만의 전유물이 아니다. 그것은 우리 삶 속에 깊이 뿌리내린, 아주 가까이에 있는 보편적인 감각이다. 주변의 모든 것에서 아름다움을 발견하고, 그 아름다움을 통해 삶의 의미를 재발견하며, 나아가 스스로 아름다움을 창조하는 삶을 살아가는 것이야말로 진정으로 풍요로운 삶을 살아가는 길이다. 일상 속에서 잠시 멈춰 서서 아름다움을 발견하는 오늘이 되기를.

7

삶을 경영하는 나,
1인 기업 CEO
백작

7월 17일 목요일 저녁 7시까지 서울에 가야 했다. 1인 기업 '프로 CEO' 사업 발표회 날이었다. 집중호우로 열차가 지연되고 있었다. 혹시나 예매했던 에어부산도 결항 되었다. 조금이라도 빨리 가기 위해 처음 타기로 계획한 열차보다 앞 열차를 끊었다. 앞에서 지연되면 뒤도 당연히 지연될 터다.

서울 가는 열차 안에서 밖을 내다보는 풍경이 좋았다. 빗속을 걷는 느낌이었다. 비를 느끼는 동안 속도가 느려지더니 멈추었다. 청도역 인근 산사태로 인해 선로가 막힌 모양이다. 30분 넘게 가만히 서 있더니 열차가 뒤로 갔다. 시간은 더 늦어지겠지. 밀양 상동역에 멈춘 차는 대기하다가 다시 곧 앞으로 나아갔다. 철로를 역주행하는 듯했다. 나중에 알게 되었는데, 철로 하나를 상하행선이 번갈아 사용했다고 한다. 예상 시각을 보니 서울역에 7시 30분에 도착할 것 같았다. KTX

어플 상 승차권 화면에서는 183분 지연이라고 쓰여 있었다. 기존 타려던 열차는 150분 지연. 조금이라도 앞선 열차를 탄 덕분에 8시까진 해당 장소에 도착하겠다는 판단이 섰다. 단톡방에 1시간 늦을 것 같으니 발표 순서를 바꿔 달라고 부탁했다.
'나는 무조건 간다. 내가 고생하나? 승무원이 고생하지.'
그 이야기를 들은 김형환 교수는 폭우로 인한 지연과 열차 후행에 대한 3분 스토리를 발표하자고 제안했다. 기존 직장 맘으로 살다가 강사가 되고 싶었다는 내용 대신, 어떤 상황이라도 일을 추진하는 내 모습에 대해 전하라는 뜻이었다.

열차 안에서 사업 발표 연습을 했다. 네 명 중에 맨 마지막 주자로 내 슬라이드 순서는 바뀌었다. 8시 10분! 세 번째 '세무그루' 박 대표가 발표를 마쳤다. 직원이 떠준 찬물을 한 모금 마친 후 바로 발표를 이어갔다.
직장인이 어떻게 1인 기업가로 서울 무대에서 발표를 하겠는가. 하지만 표지판 청소하는 사람 따로 있고, 시와 음악을 아는 사람 따로 있다고 생각하는 고정관념만 걷어내면 가능하다. 직장인도 충분히 1인 기업가가 될 수 있다. 1인 기업가로서 우선순위는 자기 경영이니, 직장을 다니며 1인 기업가의 태도부터 배운다 생각하면서 '프로 CEO' 교육에서 사업 발표까지 무사히 마쳤다.

나는 육아휴직 없는 22년 차 아이 셋 직장 맘이다. 2020년 코로나 기간에 '책에 나를 바치다'라는 뜻이 담긴 '책바침 2기' 독서 모임에 들어갔다. 이후 '자기 경영 노트'로 이름이 바뀌었다. 여전히 성장을 위해 노력하는 모임이다.

모임 대표 밀알샘은 나에게 책을 써보라고 했다. 처음에 '내가 무슨?'이란 생각이 들었다. 여러 번 듣다 보니 그동안 눌러둔 인정의 욕구가 드러나기 시작했다. 언제까지 소비자로 책을 구매해야 하나 싶었다. 나도 '생산자'가 되어 보자는 마음이 스쳤다. 가장 먼저 책 쓰기 공부가 필요했다. 퇴근 후 자기 계발이니 직장 일에도 부담이 되지 않을 거라 판단했다.

2020년 12월, 책 쓰기 과정에 등록한 뒤 지금까지 5년째 강의를 듣고 있다. 책 쓴다고 해서 경제적으로 도움이 되는 건 아니었다. 오히려 책값을 더 쓰고 있다. 책을 사서 서평단도 꾸리고, 이왕 선물할 일이 있을 땐 내 책을 보낸다. 삶을 쓰는 가치를 알아가는 직장인 작가로 살고 있다.

직장인 따로 작가 따로 삶이 구분되는 줄 알았다. 배우는 사람 따로 강의하는 사람 따로 살아가는 거라 생각했다. 출간하고 보니 온라인 저자 특강의 기회가 생겼다. 개인 저서 두 권과 공저 네 권에 대하여 특강을 했다. 사람들 앞에 강의하면서 인정과 칭찬의 욕구가 채워졌다. 나로 인하여 다른 사람이 조금 다르게 살아보겠다고 후기를 남길 때마다 작가하길 잘했구나 싶었다. 내 블로그에 와서 책 쓰기 정규 과정에 대해 궁금해했던 사람들에게 스승의 강의를 추천했다.

  2023년 4월 29일부터 라이팅 코치 강의를 시작했다. 첫 무료 특강에 동료 라이팅 코치들이 많이 들어왔다. 이들은 격려하러 온 것일 수도 있지만 특강을 어떻게 하는 걸까 궁금해서 들어왔을 수도 있다. 이후에도 동료들은 간간이 내 무료 특강을 신청한다. 이렇게 영향력을 전하는 삶을 살기 시작했다. 직장생활이 천직이라고 여겼던 내가 퇴근 후 삶에선 새롭게 강사로 태어났다. 특강 신청자가 한 명도 오지 않았을 경우에도 나 혼자 강의를 했다. 늦게라도 들어올 수도 있다는 기대감과 나와의 약속을 저버리지 않겠다는 마음 때문이었다. 다음 주에는 65회 강의를 이어갈 생각이다.

  책 쓰기 과정과 라이팅 코치 강의를 꾸준히 들어오던 중, KAC 코치 과정 20시간을 수료했다. 나는 코치 자격증이 필요 없지만, 자격증을 위한 시험 대신 일상 속 활용을 염두에 두고 배웠다. 김형환 교수를 소개받아 1인 기업가로서의 경영을 배웠다. 직장인 따로 강사 따로인 줄 알았지만, 아니었다. 한 명이 다역을 하는 시대다. 나는 직장생활도 하면서 책 쓰기 강의도 한다. 강의 중 코칭 대화를 사용하기도 하며, 1인 기업에서 배운 일대일 멘토링과 칭찬을 기반으로 예비 작가들의 마음을 책 쓰기 세계로 연결한다.

> "청소부가 시와 음악을 알 거라고는 상상도 못했지."
>
> —『행복한 청소부』, 모니카 페트 글 · 안토니 보라틴스키 그림, 풀빛

지금 삶에 만족하는가? 그렇다면 감사한 환경이다. 그러나 내가 무슨 작가를 하냐는 생각이 있다면, 『행복한 청소부』처럼 삶을 바꾸는 도전을 해보길 바란다. 독자와 작가는 따로 있다고, 직장인과 1인 기업가가 별개라는 생각을 버린다면 누구든지 삶 속에서 내 사업을 펼칠 수 있다. 사업 브랜드는 지금 내가 가장 잘 알고 있는 분야에서 나온다. 출간을 꿈꾸는 예비 작가들에게 청소부와 작가와 음악가를 구분하지 않도록 돕고 있다. 내가 무슨 작가를 하냐고 생각했던 나는 책 쓰기 코치가 되었다. 퇴근 후 삶을 경영한 덕분이다. 삶과 일은 하나니까.

1인 기업에 적극적으로 뛰어들지 않더라도 직장 안에서 사장 마인드로 일을 챙겨본다면 성과는 달라진다. 일상을 살아갈 때도 1인 기업가 마인드를 가지는 사람, 그가 바로 생산자다. 하루를 경영하는 마음으로 1년을 보내고 10년을 보낼 때, 경영가로서 자리를 잡게 되지 않을까. 도전하는 그들의 삶을 응원한다.

8

멈추면 그대로,
움직이면 달라진다
신지은

　이름도 생소하게 들렸던 소리 공포증과 공황장애가 함께 왔다. 처음에는 집 앞에 슈퍼를 나갈 때조차 소리에 대한 긴장을 놓지 못했다. 귀마개도 소리 자극을 줄여보고자 생각했던 방법이었지만, 양쪽을 모두 껴도 밖으로 나가는 건 어려웠다. 친한 친구가 독서 모임에 가자고 수없이 권했지만, 아파트 엘리베이터의 좁은 공간과 승용차의 작은 흔들림마저 무서웠다. 전철이나 버스를 타기도 어려우니 핑계만 늘었다. 공포가 몰려오면 식은땀이 흐르고 몸은 사시나무 떨듯 떨리니 귀를 막았다.
　소리 공포를 잊기 위해 붙잡은 것이 책 읽기였다. 소리에 대한 예민함을 줄여보려 미친 듯이 책만 읽었다. 책을 펼치고 필사라도 할 수 있으니 다행이라 생각했다. 타이어가 도로에 쓸리는 소리만 나도 손이 떨리고 숨이 막혔지만, 서점에 가서 책이라도 마음껏 읽고 싶었다.

아들의 발달센터 외에 스스로 버스를 타고 밖을 나서는 건 서점이 처음이었다. 귀마개를 끼고 있으니 음악 소리도 작고, 다른 사람들의 목소리도 작게 들렸다. 이것저것 살피다가 수필 한 권을 손에 쥐고 쪼그리고 앉았다. 팔랑팔랑 책을 넘기다가 우연히 민들레 그림을 보았다. 실습 나갔던 학교 운동장 가장자리 클로버 사이로 피어난 노란 민들레꽃이 생각났다. 친정집에 가면 조그마한 들꽃 사이로 민들레꽃이 피어있던 시골길이 머릿속에 그려졌다. 도서관 입구로 들어서면 보이던 커다란 느티나무와 바람에 흩날리는 민들레 꽃씨가 나무 정자와 어우러져 있던 모습이 떠올랐다. 나지막한 목소리로 책을 읽어주고 글 쓰는 즐거움을 알려준 그리운 이의 모습도 떠올랐다. 그제야 할 수 없다고 생각했던 글쓰기가 하고 싶었다.

집에 돌아오자마자 핸드폰으로 글쓰기를 검색했다. '오늘만 이런 건가? 원래 수필이 인기 있는 장르였나?' 시 쓰기를 배워보고 싶어 들어간 인터넷 사이트에는 수필만 가득했다. 시든 수필이든 뭐 어때. 글 하나만 써보고 싶어서 우연히 찾아 들어간 곳이 '몽클라이팅'이라는 글쓰기 모임이었다. 수필은 써본 적도 없었기에 글의 앞뒤가 맞는지 안 맞는지도 볼 줄 몰랐다. 수정하라고 돌아온 원고에는 복잡한 줄과 노란색 메모 창이 가득 보였다. 줄이 가득 그어진 수정 원고를 보니 정말 내가 글을 써도 되는 건가 싶었다. '어떻게 하는 거지?' 제대로 고치지 않은 글을 몇 번이고 보냈다. 계속 받아보는 사람도 속 터졌을 거다. 어떻게 메모를 보는지, 어떻게 고쳐야 하는지도 모르면서 하려니 자신에게 화가 나서 '에라 모르겠다.' 글 자체를 다시 써서 보냈다. 겁도 없었고 뭘 모르니 할 수 있는 행동이었다. '글 하나만'이라는 마음이 없었다면 해보려는 노력조차 하지 않았겠지.

주변 사람에게 말하면 이걸 왜 하냐며 혼날 것 같았던 일이 글쓰기였다. 난 꿈이었으니 시작했지만, 다른 누군가에게 말할 자신은 없었다. 그래도 하겠다고 말할 수 있었던 건 '쓰다 보면 알게 된다.'라며 잡아준 다정한 이의 한 마디 덕분이었다. 한 번의 우연으로 지나갈 줄 알았던 사람이 인연이 되고, 글쓰기의 첫걸음이 되었다. 소리에 대한 공포보다 다정한 사람에게 감사의 말을 전하고 싶은 마음이 더 컸다. 어떻게든 밖에 나가야겠다고 결심할 수 있는 계기가 되었다. 귀마개를 끼고서라도 할 수 있는 일이라면 지금부터는 자유로워지고 싶었다.

2024년 서울국제도서전 당일, 긴장된 마음으로 귀마개를 끼고 집을 나섰다. 수많은 사람 속에 들어가 보지도 못하고 돌아서게 될 수도 있다는 생각에 심장이 쿵쾅쿵쾅 뛰었다. 오롯이 혼자 기차와 전철을 탄다는 게 제일 무서운 일이었으니까. 가라고 떠민 사람도 없는데 굳이 혼자 가겠다며 고집을 부렸다. 남편도 혼자 괜찮겠냐며 수도 없이 물었다. "괜찮다. 괜찮다."라며 입으로 열심히 중얼거렸지만, 머릿속에는 오만가지 생각이 돌아다녔다.

비가 오면 어쩌지. 소리가 크면 어쩌지. 전철과 기차는 괜찮을까. 제대로 걸을 수는 있을까. 귀마개 끼고 많은 사람 사이에서 한 사람의 말소리가 들리기는 할까. 사람들 앞에서 발작이 올라오면 어쩌지. 벌벌 떨며 주저앉으면 어쩌지. 여러 가지 생각이 난무했다. 처음 길바닥에 주저앉았을 때 바라보던 사람들의 낯선 눈빛을 알기에 무서웠다. 입안에 비상약을 몽땅 털어 넣어서라도 주저앉지는 않을 거라며 주먹을 쥐었다. 온몸의 이성을 모조리 깨워서라도 웃는 얼굴로 갔다 올 거라며 마음을 다잡았다.

> "라스키아(raaskia) 어떤 일을 하기 위해서 갖는 용기와 힘"
> - 『당신의 마음에 이름을 붙인다면』, 마리야 이바시키나 글·그림, 책읽는곰

전철이 서고 출발할 때 나는 소리와 흔들림에 몸이 부들부들 떨리고, 손은 한겨울이라도 된 것처럼 차가워졌다. 기차가 출발할 때 진동은 '괜히 나온 게 아닐까?' 다시 집에 가고 싶은 충동을 일으켰다. 그 순간에는 국제도서전에 가는 게 무슨 의미인가 싶을 정도로 무서웠다. 하지만 나가야 하는 이유도 분명했다. 밖을 나갈 수 있는 용기를 가지지 못하면 의미가 없었다. 공저 참여자로 함께하겠다고 다짐한 순간부터 기꺼이 첫걸음이 되어준 사람에게 감사한 마음을 전하고 싶었다. 여기서 도망가면 한 걸음도 나가지 못하고 끝날 꿈이었기에, 무슨 일이 있어도 무섭다는 이유로 도망칠 수 없었다.

밖에서만 무섭다고 느꼈으면 괜찮다고 생각했을지도 모른다. 줌(ZOOM)으로 만나는 독서나 글쓰기 모임에 참여해도 소리 공포나 공황 발작은 똑같았다. 사람들 앞에서 말하려 하면 몸이 떨리고 뻣뻣하게 굳어지고 손이 차가워지고 눈이 질끈 감겼다. 글 하나로 끝내지 않기 위해서라도 앞으로 나갈 수 있는 단단한 마음이 필요했다. '어떻게 해도 무섭다면 할 수 있는 걸 하자.' 현재 내가 가장 무서워하는 일을 행동하고 있다고 생각하니 서울을 가는 건 아무래도 상관없었다. 옆을 지나가는 사람들 사이에서 겉으로는 웃고 있어도 속은 덜덜덜 떨려서 감사 인사는 꺼내지도 못했다. '다음에는 꼭 감사하다고 전해야지.'라는 마음이 또 글을 쓰게 하는 힘이 되었다.

공저 수필 참여를 계기로 멈춰있던 마음의 시간도 다시 흘렀다. 할 생각도 없었던 SNS를 다시 시작하고, 언젠가 꼭 마음을 오롯이 담은 시집을 내고 싶다는 꿈이 생겼다. 누군가에게는 전하지 못한 말이 닿길 바라는 마음까지 시집에 함께 담는 게 버킷리스트가 되었다. 열 개 남짓의 유서 글만 있던 의미 없는 공간이 꿈을 담는 공간이 되었다. 그해 겨울, SNS에 열심히 올린 짧은 글들로 인해 전시회 참여 기회도 생겼다. 처음엔 아무도 보지 않았던 내 글을 읽어주는 사람들이 생겼다. 앞으로 나가기 위해 거친 숨을 몰아쉬며 계속 도전한 기차와 전철 타기가 헛되지 않았다.

나는 원래도 누군가에게 나에 대해 말하는 걸 극도로 싫어했던 사람이었다. 지나가는 사람에게도, 오래된 인연에게도 나를 드러내는 것 자체가 싫었기에 '삶을 보여주는 글쓰기'를 생각해 본 적도 없었다. 글쓰기는 온전히 자신을 들여다봐야 하는 일이고, 거울 속에 비친 민낯을 보여주는 일. 하지만 우연히 들어선 수필의 세계와 같이 걸어가는 사람들에게 현재를 살아갈 용기와 힘을 얻었다. 그제야 알았다. 아무리 좋은 것을 배워도 앞으로 나가려 하지 않는다면, 무슨 일을 하더라도 스스로 나아갈 용기와 마음이 없다면 아무것도 변하지 않는다는 걸.

9

쓰꾸미, 꿈을 쓰다
쓰꾸미

"쭈꾸미가 아니라 쓰꾸미입니다."

2024년 7월 22일은 나에게 국경일과 같다. '쓰꾸미'라는 필명을 사용하고 첫 책이 나온 날이다. 출간 이후 아내에게 이야기했다. 나 유명해지면 어떻게 하냐고. 실없는 생각이었다. 첫 책이 나오면 베스트셀러가 되고, 책을 쓰면서 들어갔던 노력과 시간을 사람들이 인정해 줄 것이라 믿었다. 책을 내면 내 블로그에 구독자 숫자 역시 폭발적으로 늘어날 줄 알았다. 협업 문의도 많아져 회사원에서 작가 또는 강연자의 삶이 자연스럽게 변할 줄 알았다.

오만이었다. 건방이 하늘 높은 줄 모르고 올라갔다. 내 첫 책인 『문장, 살아갈 힘을 얻다』가 나오고 나서, 내 글에 들어간 메시지에 열광할 줄 알았지만, 착각이었다. 정성 들여 쓴 문장이었지만 독자의 눈높이를 맞추지 못했다. 책 속에 좋은 문장을 발췌해 주는 블로그에서는 내 글 중 한 줄도 인용해 주지 않았다.

  첫 책이 세상에 나온 뒤 다음 책을 집필하고 출간했다. 변했을까. 전혀 바뀌지 않았다. 내가 글을 쓰고 낸다는 사실은 가족과 같이 글을 쓰는 사람들만 알고 있다. 책을 출간하는 과정에 최선을 다했다. 메시지를 고민하고, 딱 맞는 경험을 덧붙여 썼다. 내가 들인 정성을 누군가 알아봐 줄 거라고 나를 다독이며 계속 이어 나갔다. 세상이 냉정하다고 부정적으로 생각했다. 이 정도 노력을 들였으면, 알아봐 줄 것이라고 내 기준으로만 평가하려 했다.

  혹시 공저여서 그런 것은 아닌지, 개인 저서로 눈을 돌렸다. 공저는 한 권당 내가 써야 하는 분량이 네다섯 편 정도만 쓰면 되었다. 개인 저서는 마흔 편을 써야 했다. 그 초고는 지금도 내 컴퓨터에 잠들어 있다. 퇴고한다고 들여다보면 답답한 마음뿐이다. 글 쓸 때는 최고의 가치를 담았다고 생각했지만, 시간이 지나니 오류만 가득하다. 내 일상과도 맞지 않았고, 일상을 대하는 태도도 바뀌어 쉽게 마무리 짓기 힘들다. 힘든 길이 보이자 피해서 돌아가고 싶은 마음만 굴뚝이었다. 유튜브 영상 편집이 성공의 지름길이라고 자위하며 선택했다. 하지만 지금 돌이켜 보니 편집도 없고, 성의도 없는 영상 백 개를 올리고 낙담해 있었다. 백 개라는 숫자만 집중해서 올렸다. 내 한계라며 핑계를 찾았다. 책도 유튜브도 성과가 없었다. 주변 지인들만 구독자라고 구독을 누를 뿐이다. 블로그에 글을 쓰고 영상도 올렸지만, 형식상으로 올린다는 생각과 함께 지쳐갔다.

　회사 업무를 진행할 때는 문제가 생기면 처음으로 되돌아갔다. 기본을 점검하고, 단계별로 문제가 없는지 점검하는 시간을 가졌다. 이 시간이 다시 방향을 알려주었다. 나는 작가로서도 경력을 돌아보기로 했다.
　내가 처음 책을 쓰게 된 이유는 확실했다. 어머니가 돌아가시고, 어머니의 자서전을 내 손으로 만들었다. 책을 친척과 지인에게 나누어 주었을 때, 받고 기뻐하는 모습이 행복해서 시작했다.
　내가 좋아하는 주제로만 글을 쓰고 영상을 만들고 있는 건 아닌지 고민했다. 인터넷으로 나와 비슷한 주제로 출간한 책을 검색했다. 검색창 밑에 페이지만 스무 개가 넘게 검색된다. 나와 다른 점을 고민했다. 다른 점이 하나 없는데, 독자들이 선택할 이유가 없다는 사실을 마주했다. 내 전 책, 『평범한 날들을 특별하게 만드는 글쓰기』에서 10만 명의 독자를 위한 글을 쓰겠다는 한 줄이 부끄러웠다. 열정이 식으니 동기마저 흔들렸다.

　어제 집으로 『나부터 달라지는 중』이라는 책 배달이 왔다. 하늘인지 바다인지 구분이 확실하게 안 되는 파란색을 배경으로, 하늘에 갈매기 두 마리가 날고 있다. 바닥에는 초록색과 연두색이 뒤섞인 들판이고, 노란 꽃들이 피어나 있다. 남자 한 명이 흰색 셔츠와 어두운 갈색

바지를 입고 하늘과 바다를 바라보는 뒷모습을 보인다.

그 책을 읽으며 결과에만 집중하면서 나를 몰아붙이고 있다고 생각했다. 여유를 가져보기로 했다.

아내에게도 책을 읽어보라고 권했다. 이번 책은 아내에게 초고뿐 아니라 탈고된 원고도 보여주지 않았다. 아내는 저녁을 먹기 전에 들어가는 글을, 아이들과 저녁 식사하고 또 한편을. 그리고 잠자기 전까지 나머지를 전부 읽었다. 나는 감상을 물었다. 아내가 첫 책과 달리 술술 읽힌다고 답했다. 철없는 내 마음이 날뛰기 시작했다. 다른 칭찬은 더없냐는 듯 아내를 쳐다보고, 뭔가 더 해주지 않으면 움직이지 않겠다는 움직임을 보였다. 글을 잘 썼다는 격려 한마디가 목말랐나 보다.

그동안 책 여덟 권과 전자책 두 권이 출간됐다. 1년 동안 열 권이 출간되었으니, 한 달에 한 권 조금 미치지 못한 정도이다. 이렇게 쓰게 된 이유는 쓰기에 목말랐기 때문이 아니라, 쓰기에 익숙해지려고 하는 마음이 더 컸다. 한 달에 한 권 정도 쓰려면, 일상을 섬세하게 보게 된다. 일상을 보내면서 기록하고, 느낀 점도 추가한다. 그렇게 모은 재료가 글감이 되고, 한편의 글이 된다. 그렇게 책이 나왔다.

나중에 내가 좀 더 나이를 먹으면 이 세상과 이별 할 것이다. 아들이나 딸이 내 책을 보면서 일상을 기억하길 바란다. 아빠가 40대 중반부터 어떠한 마음과 태도를 가지고 살아왔는지, 조금이나마 전해지길 원한다. 아이들과 대화하면서 교육하는 방법도 있다. 하지만 아무리 좋은 대화라도, 듣기만 해서는 한 시간도 지나지 않아 잊어버린다. 아이에게 꼭 전하고 싶은 말을 책으로 전하면 좋겠다고 생각했다.

나는 돌아가신 어머니가 그리울 때, 어머니의 자서전을 펼쳐서 본다. 아이들도 내가 그리울 때 내가 쓴 아이들과의 추억과 조언을 읽다 보면 힘든 상황을 잘 흘려보낼 수 있다고 믿는다. 해결이 되면 좋겠지만, 쉽지 않기에 나아가기만 해도 충분하다고 위로해 주고 싶다.

작가는 본인이 쓴 글에 대해서 책임을 다해야 한다. 나도 작가다. 쓴 글에 책임을 지고 싶어 내 생각을 쓸 때 조심하게 된다. 내 생각을 명확하게 전달하지 못하면 출간 이후에도 후회하고 괴로웠다. 하지만, 10만 명의 독자가 내 책을 읽었으면 하는 바람에서 시작한 글쓰기는 지금도 동일하다. 10만 명이 읽고, 공감을 얻기 위해 부족한 실력을 지금부터 하나씩 쌓으면 된다. 이 과정을 책과 유튜브에 담으면 된다. 이제 일상에서 포기라는 선택지를 지우는 일만 남았다.

책이든 유튜브든 나만의 색깔로 쓰고 만들기가 쉽지 않다. 쉽지 않다고, 피하고 싶어 지름길을 찾으려고 했을 때는 더 힘들었다. 늘 좋은 결과를 원하는 마음은 내 욕심이었다. 과정에서 의미를 찾아야 지속할 수 있었다. 첫 책이든 백 번째 책이든 결과는 비슷할 수 있다. 하지만, 그 과정에서 가까운 사람의 칭찬 한마디가 다음 걸음으로 나아갈 수 있는 용기를 만들어 주었다. 조금 성장하면, 나와 결이 맞는 사람이 나를 기다리고 있다. 마치 내가 쓰고 있는 이 공저처럼.

> "네가 처음 웃던 날, 꽃들도 널 따라 웃느라 톡톡톡 꽃망울을 터뜨렸어."
>
> – 『너는 기적이야』 최숙희 글·그림, 책읽는곰

내 필명으로 '쓰꾸미'를 선택했다. 쓰면 꿈이 이루어진다는 필명에 맞게 꿈을 이루기 위해서 계속 쓰려고 한다. 그 과정에는 가족들로부터 응원을 받고, 내 글을 좋아하는 독자들과 같이 갈 것이다. 그리고 내 글을 보며 글을 쓰겠다고 마음먹은 독자도 있을 거라 믿는다. 오늘도 나는 웃으며, 일상을 글로 풀어내며 꽃망울을 터트려 본다.

10

함께 가자 기다려줄게
연수

    우스갯소리로 "북한이 중2가 무서워 전쟁을 못 한다."는 말이 있다. 사춘기 아들을 둔 엄마로서 이 시기가 힘들긴 하지만, 시기에 맞게 강물처럼 흘러가야 커다란 바다를 만날 수 있다고 믿는다. 그래서 나는 강물이 잘 지나가기를 기다리는 중이다. 나이 터울이 많은 형제를 키우면서 첫째는 처음이었기에 부족한 육아였고, 둘째는 둘째대로 제대로 육아를 하지 못함에 후회와 미련이 많이 남았었다. 그럴 때 제목부터 호기심을 자극해 주는 책이 있었다. 이 책은 첫째부터 읽었던 책인데 둘째 때 제 역할을 톡톡히 해주었다.

    나는 이 책을 읽어줄 때는 구연동화 선생님처럼 온갖 소리를 내며 읽어주었다. 책에 나오는 꿀꿀이도 흉내를 내었다가 작은 동물이 나올 때는 작은 소리로, 무서운 괴물 같은 것이 나올 때는 더 큰 소리를 내며 읽어주었다. 그러다 둘째가 한글을 띄엄띄엄 읽을 수 있을 때가 되었을 때부터는 가끔 "엄마 목이 너무 아파서 책을 읽어주고 싶은데 못 읽어줘서 슬퍼. 오늘만 재재가 읽어줄래?"(재재는 둘째 아이의 애칭이다)하며 꾀도 부렸다. 그러면 마지못해 둘째가 책을 읽어주었다. 나를 따라 여러 소리를 흉내 내며 읽어주던 게 얼마 전인 듯한데 그 시간을 추억하는 날이 오게 되었다. 너덜너덜해질 때까지 읽어주었지만 둘째에게 책은 여전히 책장에 있는 장식품에 불과하다. 그래서 함께 책 읽었던 그때를 추억하기 위해 『이 책을 절대로 열지 마시오』에 대해 쓰기로 마음먹었다.

공부를 강요하지 않았다. 어쩌면 강요하지 않아서 되레 너무 풀려버려 버릇이 없는 것인지, 공부나 책에 관심이 없는 것인지 하는 생각도 든다. 아이들에게 좋은 영향을 주기 위해 나부터 책을 가까이하려 노력했는데, 그런 정성이 모자라서 책을 멀리하나 싶은 생각도 스쳤다. 마치 소아과에 아기가 주사를 맞으면 "엄마가 미안해."하며 함께 울어버리는 초보 엄마의 마음처럼 무조건 미안한 마음부터 앞섰다.

그래서 지금이라도 어떻게 하면 책을 찾는 아이로 키울 수 있을까, 생각하게 된다. "요즘같이 정보의 바다에 사는 세상에 책이 필요할까요? 검색하면 다 나와요." 하며 이야기하는 둘째의 말에 나는 어떻게 아이를 설득하는 게 좋을지 고민한다. 말하는 것에 조금 더 능숙한 둘째에게 내가 거꾸로 설득을 당하는 느낌이다.

주말 저녁, 글을 쓰기 위해 내가 컴퓨터를 독차지하자 예민해져 있던 둘째와 잠시 재활용 쓰레기를 버리러 나섰다. 집 밖을 나온 김에 둘째의 권유로 아파트 단지 아래에 있는 편의점을 가게 되었다. 나는 아이와 함께 가는 것이 좋아서 느닷없이 아이에게 조르듯 고백을 했다. 정작 어쩌다 내 편인 남편에게는 애교의 한 톨도 없는데 아이들에게는 가끔 애교를 부리는 철없는 엄마가 되어버린다. 그래도 이런 내가 싫지 않다.

"재재야, 재재는 엄마가 너를 얼마나 사랑하는지 알아? 응? 알아?" 하며 조르듯, 빠른 대답이 듣고 싶어 물으니 아이는 나지막한 소리로 "알아요." 들릴 듯 말 듯한 대답을 해준다. 그러면서 내가 다시 꼭 사야 할 게 있느냐 물으니 "그냥 일단 가보려고요." 하며 조금은 무뚝뚝하고 짧은 대답이 들렸다. 아이는 아파트 단지 바로 밑에 있던 편의점을 지나 길 건너 편의점까지 가자고 한다. 오히려 산책 시간이 길어져서 더 좋다며, 나는 아이의 팔짱을 끼고 한쪽 손은 재활용 가방을 신나게 흔들며 걸었다.

도착한 편의점에는 둘째가 찾던 물건이 없었는지, 다른 곳을 가자고 해서 또 다른 편의점으로 향했다. 두 번째 편의점에 들어가 한참을 매장 진열대를 훑어보더니 "엄마한테 ○○우유 크림빵 사드리고 싶었는데 없네요." 하며 무심히 아이가 말을 던졌다.

그제야 눈치 없던 나는 눈이 동그래지며, 가슴 깊숙이 감동이 밀려왔다.

"그거 사주려고 편의점 가자고 한 거였어?"

둘째는 아쉽지만 초코 크림빵도 맛있다며 바나나우유, 딸기우유를 함께 골라서는 계산대에 올려두었다. 내가 계산을 하려 하니 얼마 들어있지도 않을 용돈 카드를 척하니 내밀며 계산을 마무리했다.

저녁을 먹은 지 얼마 되지도 않았는데 꿀같이 맛있었다. 둘째와 초코 크림빵 품평을 하며 신나게 나누어 먹었다. 집으로 오는 길에는 현재 내가 쓰고 있는 글쓰기에 관해 이야기했다.

"엄마는 네가 나중에 커서 '그때 왜 좀 더 공부하라고 설득시켜주지 않았어요.' 할까 봐 그게 무서워."

내 두려움을 들은 둘째는 그럴 일 없다며 호언장담을 하며 말한다.

"공부가 재미없어요…."

"나도 사는 거 재미없어." 하고 더 강하게 되받아치고는, 내가 내뱉은 말을 빠르게 후회했다. 미안한 마음에 나직한 소리로 나중에 조금만이라도 덜 후회했으면 해서 자꾸 잔소리를 하는 거라고 말을 얹었다. 많은 이야기를 하고 싶었지만, 잔소리가 늘어나면 좋았던 분위기가 약간 어색해질까 봐 더는 하지 못했다. 그렇게 행복한 밤 산책을 마무리 후 집에 돌아와 컴퓨터에 저장해두었던 글들을 둘째에게 보여주었다. 아이는 예전 생각이 나서인지 반가워했다. "진짜 이 책 재미있었는데." 하며 어릴 때를 잠시 회상하는 듯했다. 지금 생각하면 책 읽기는 규칙이나 성취의 대상이 아니라 놀이이자 쉼터여야 했다. 그러나 아이에게 책을 강압적으로 주입시키며 읽기를 권해서 아이가 책 읽기를 멀리하지 않았나 싶기도 하다. 이른 나이에 화면으로 보는 시각적인 자극이 영향을 더 많이 주었던 것 같아 아쉬운 마음이 들었다.

> "이 책을 절대 열지 마시오."
> - 『이 책을 절대로 열지 마시오』 미카엘라 먼틴 글·파스탈 르메트르 그림, 토토 북

미완성된 책을 열지 말라는 익살스러운 책의 내용처럼, 사춘기 아이의 마음을 내가 자꾸 기다리지 못하고 훔쳐보려 했다. 이번 글을 쓰면서 책을 읽는 그것보다 책을 통해 아이와 가까워졌던 날들, 함께 공감하며 보냈던 그 시절이 귀하고 소중했음을 느끼게 됐다. 책을 읽어 주는 순간만큼은 단순한 교육이 아닌, 함께 시간을 나누던 일이었다는 걸 이제야 조금 알 듯하다. 그리고 지금도 여전히 마음속엔 이렇게 말하고 있다.

"엄마는 언제나 콜!"

『이 책을 절대 열지 마시오』를 읽으며 함께 했던 그 소중한 시간처럼, 다시 너와 시간을 공유하고 싶다고. 언제든 함께 도서관, 서점을 갈 준비가 되어있으니 "함께 가자."라고 불러주길 바란다고 말이다. 항상 부족한 엄마이지만 아이가 크는 만큼 나도 성장해야 함을 한 번 더 느낀다.

11

행복이 어디 있을까?
영지현

　산후우울증이 왔다. 세상엔 회색과 검은색만 있는 것 같았다. 아이는 웃고 있는데 나는 눈물을 흘렸다. 육아할 준비를 다 하고 엄마가 된 줄 알았지만, 막상 갓 태어난 아기를 보며 육아를 어떻게 해야 할지 몰라 마음이 막막했다. 잘 키울 수 있을지 하는 염려로 불안하기도 했다. 아기를 돌봐줘야 하는데 우울해서 움직일 기운이 없었다. 그런 나 대신 시어머니가 주말에 오셔서 아기를 돌봐주셨다.
　아기는 다행히 건강하게 잘 자라주었다. 그러나 방긋 웃는 얼굴을 보면서도 나는 여전히 웃을 수 없었다. 기다렸던 아기가 태어나서 행복할 줄만 알았는데, 행복을 느끼지 못했다. 남편과 시어머니가 육아하는 데 많이 도와주었지만 내 마음을 알아주지는 못했다. 우울한 나의 마음이 너무 아프고 힘들었다. 그냥 울기만 하다가는 큰일 날 것 같았다. 이대로 안 되겠다는 생각에 도움을 받기로 마음먹었다. 병원부터 갔다 왔다. 정신의학과에서 산후우울증 진단을 받고 항우울제를 처방받았다. 한 달쯤 지나니 눈물이 멈췄다. 그러나 슬프고 불안한 마음이 변하지 않았다. 약물 치료가 많은 도움을 줬지만 심리 상담을 받아야 한다고 느꼈다. 하지만 그럴 여력이 없었다. 2년이 지나서야 문화교육복지센터에서 심리 상담을 받을 기회가 생겼다. 상담을 받으면서 마음이 점점 편해졌다. 이제 우울하지는 않지만, 그렇다고 행복하지도 않았다.

아이가 언어 발달 지연으로 진단받고 아동 발달센터에 다니게 되었다. 아이가 수업에 들어갈 때 나는 자유 시간이 생겨서 독서를 했다. 그러다 어느 날, 내가 읽는 책을 집에 두고 와서 아동 발달센터에 있는 그림책을 살펴보기로 했다. 센터에 있는 책 중에 『행복은 내 옆에 있어요』가 눈에 띄었다.

> "응, 행복은 우리 옆에 있거든."
> – 『행복은 내 옆에 있어요』, 신혜은 글·그림, 시공주니어

이 글을 읽은 순간 깨달았다. 행복은 내 옆에 있다는 것을. 아이가 건강하게 태어난 것도 행복, 남편과 시어머니가 아이를 돌봐준 일도 행복, 내가 우울증에서 벗어난 것도 행복이었다. 손에 들고 있는 그 책을 더 빨리 발견했다면 아마 내 마음이 더 빨리 편해졌을지도 모른다.

지금은 편해진 마음으로 나에게 행복이란 무엇인지 이야기해 보려고 한다.

첫째, 아이와 같이 노는 시간. 나는 아이와의 간지럽히는 놀이가 좋다. 아이가 소리 내어 웃으니까. 내 마음을 쓰다듬듯이 울리는 웃음소리를 듣고, 천사 같은 미소를 보며 따뜻한 아이의 체온을 느끼는 것이 진정한 행복이 아닐까 하는 생각이 든다. 이보다 더 소중한 것이 뭐가 있을까.

둘째, 자유 시간에 할 수 있는 일들. 어버이날 아침에 아이를 어린이집으로 데려갔다. 어버이날이라 어린이집에서 학부모 초청 행사를 했다. 어린이집 앞에서 테이블 하나 세우고 '카페'를 했다. 나는 레모네이드를 시켰다. 테이블에 앉아서 주문을 기다렸다. 5월 아침 날씨가 시원하고 싱그러웠다. 바람이 살랑살랑 불고 있었다. 평소와 다른 아침이 행복을 느끼게 해줬다.

셋째, 달달한 것. 어느 더운 오후 집에 들어가기 전에 아이스크림을 사 먹기로 했다. 아이스크림 할인점에 들러 콘 초코아이스크림을 골랐다. 보통 같으면 작은 행복이지만 더운 날에는 큰 행복이었다.

넷째, 내가 좋아하는 것. 친구와 만나서 수다를 떨고 같이 서점에 갔던 날이 생각난다. 오랜만에 만난 친구와 하고 싶은 이야기가 많았다. 서로에게 마음을 털어내며 공감해 주고 서로를 웃게 해줬다. 이야기하다가 같이 서점에 가기로 했다. 책을 엄청나게 좋아하는 나는 서점에 가면 환장한다. 모든 책을 다 사고 싶지만, 당연히 그럴 여력이 없다. 아쉽지만 그래도 책 두 권으로 만족한 채 서점을 나섰다.

다섯째, 작가라는 꿈. 나는 작가의 꿈을 꾼다. 얼마 전부터 한국어로 글쓰기를 열심히 하고 있다. 어느 날, 친구 추천으로 공동 작가 공모전에 참여하는 것을 도전하기로 했다. 에세이를 하나 쓰고 제출했다. 몇 주 지나 수상 작가 명단이 나왔을 때, 내 이름이 들어가 있는지 확인하고 있었는데 친구에게서 메시지가 왔다. 나의 이름을 먼저 보고 축하한다는 메시지였다. 처음에는 믿을 수가 없었다. 직접 확인했더니 진짜였다. 어찌나 기뻤던지 뛰면서 소리를 질렀다. 아이도 남편도 놀랐다. 아이는 나와 같이 소리를 지르기 시작했고, 남편은 당황해하며 왜 그러냐 물었다. 조금 진정된 내가 설명하자 남편도 기뻐하면서 나를 축하해줬다. 공모전에 참여하고 당선된 것이 나의 꿈에 좀 더 가까워지는 것 같아서 행복했다.

여섯째, 특별한 이유 없이 받는 선물. 작은 초콜릿이나 아이스크림이라도 받을 때가 행복하다. 남편이 퇴근하면서 꽃다발을 사 들고 오면 나는 기분이 너무 좋다. 내가 좋아하는 보라색의 꽃을 보고 꽃향기를 맡으면 행복해진다. 꽃 개수가 중요하지 않다. 다만, 더 행복하게 해주는 것 한 가지가 있긴 하다. 그것은 바로 꽃다발에 꽂힌 돈이다. 사고 싶은 것을 살 수 있게 해주는 용돈이 역시 행복이다.

일곱째, 구경. 볼일을 보러 나갔다가 돌아오는 길에 여유롭게 화장품이나 액세서리를 보는 것만으로도 기분이 좋아진다. 테스트해 보기도 하지만 보통 구경을 더 많이 한다. 밝은 색감의 립 제품이나 화려한 색깔의 액세서리를 보면 힐링이 되고 잠시나마 행복을 느낀다.

여덟째, 글쓰기. 나는 손에 볼펜을 쥐거나 휴대전화 자판을 두드리면서 글을 쓸 때가 행복하다. 내 생각과 감정, 체험과 경험을 글로 표현하는 것이 재미있고 보람이 있다.

아홉째, 요리. 나는 요리할 때 행복하지만 누군가가 나의 요리를 맛있게 먹으면 더 행복하다. 남편은 한 번씩 먹고 싶은 음식을 만들어 달라고 할 때가 있다. 어느 날, "오늘 닭볶음탕 먹고 싶네."라고 했더니 나는 장을 보고 남편이 퇴근한 후 요리를 시작했다. 운동을 하고 있는 남편이 왔다 갔다 하면서 "냄새가 좋네."라고 했다. 나는 미소를 지었다. '맛있게 만들어야지.'라고 다짐했다. 닭볶음탕이 다 될 때쯤에 참기름 한 숟가락 넣었다. 고소한 참기름의 향이 온 부엌을 가득 채웠다.

"참기름 넣었네? 맛이 이상해질걸. 닭볶음탕 망했다."

"아니야. 맛있을 거야."

남편은 운동을 마치고 씻고 저녁을 먹으려고 식탁에 앉았다. 나는 밥 한 공기를 건네고 닭볶음탕을 식탁 중간에 올렸다. 남편은 먹기 시작했다. 열심히 씹느라 너무 조용했다. 닭볶음탕이 남편의 입에 맞는지 궁금했다.

"맛은 어때?"

남편은 고기를 씹다가 "앗! 혀를 씹었다!"라고 했다.

나는 웃음이 났다.
"그렇게 맛있어?"
"응."
"10점 중에서 몇 점이야? 평가해 주세요."
"10점이야."
남편은 먹으면서 대답했다.

그 순간이 나에게 행복으로 다가왔다. 남편이 내가 만든 요리를 맛있게 먹고 있었기 때문이다. 나 자신이 아니라 누군가를 위해서 해준 요리의 맛은 특별한 것 같다. 그 맛을 내는 게 행복이다.

이렇게 행복은 매일, 내 옆에서 느낄 수 있다. 온종일 행복할 수 없어도 하루에 몇 번은 행복할 수 있다. 힘들게 일하는 게 불행일 수도 있지만 퇴근하고 집에 와서 반겨주러 달려오는 아이를 보는 것은 행복이다. 오랫동안 해결하지 못했던 문제에 해결책을 찾는 순간도 행복하다. 유감스럽게 생각했던 일이 행복을 가져다줄지도 모른다. 행복은 내가 상황을 어떻게 해석하느냐에 달려 있다. 행복하기로 마음먹으면 어제와 같은 일상에서도 행복을 찾을 수 있다. 행복해질 용기를 낸다면 행복이 다가온다.

12

사랑은 순환한다
윤미경

　사랑을 표현하는 데 익숙하지 않았다. 친구가 좋아도 마음을 드러내지 못했고, 내가 좋아하는 친구를 다른 친구가 좋아한다고 해서 보내주었다. 내가 마음을 준 친구가 나에게 실망하고 떠날 때도 붙잡지 못했다. 늘 상대방을 의식하며, 나의 행동이 어떻게 해석될지 끊임없이 계산했다. 진심을 숨기고 감정을 억누르며, 상대방의 마음을 먼저 생각했다.

　아이를 낳고 나서야, 내 안에 잠자던 순수한 사랑의 본성이 깨어났다. 아이의 얼굴, 손, 발, 배, 엉덩이까지 온몸을 만지며 뽀뽀하고, 사랑을 넘치도록 표현했다. 아이는 그 사랑을 있는 그대로 받아주며, 방실방실 웃었다. 사랑을 표현할지 말지 고민할 필요가 없었다. 아이가 나에게 사랑을 보일 때도, 그 마음에 숨은 의도를 의심할 필요가 없었다. 마음 그대로 사랑을 주고, 받으면 되었다.

영유아 부모들의 베스트셀러 『사랑해 사랑해 사랑해』를 아이 머리맡에 두고, 매일 같이 읽어주었다. 책을 읽으며 백 번쯤 뽀뽀를 하고 나면 아이와 나는 세상에서 가장 사랑하는, 서로 없으면 안 되는 사이가 되었다. 서른다섯 살이 되어 첫 아이를 품에 안고, 매일 "우리 아기, 사랑해."를 속삭였다. 이는 아이에게 전하는 말이기도 했지만, 어떤 경우에도 사랑을 아낌없이 전하는 엄마가 되겠다는 다짐이기도 했다.

> "어제도, 오늘도, 내일도 언제까지나 너를 사랑해."
> ─ 『사랑해 사랑해 사랑해』, 버나뎃 로제티 슈스탁 글 · 캐롤라인 제인 처치 그림, 보물창고

책 속 문장, "어제도, 오늘도, 내일도 언제까지나 너를 사랑해."를 떠올리니, 잊고 지냈던 감정이 불쑥 고개를 들었다. 내게는 존재하지 않는다고 생각했던 사랑이라는 말이, 어떻게 내 삶 속에 스며들어 있었는지 깨닫자 눈시울이 붉어졌다. 아이를 키우며 새롭게 알게 된 줄 알았던 이 감정은, 사실 오래전부터 내 안에 존재해 왔음을 뒤늦게 깨달았다.

제주에 계신 부모님을 1년에 한두 번쯤 뵌다. 오랜만의 만남이지만, "밥은 먹었어?"라는 인사는 매일 보는 사람들처럼 자연스럽다. 방학

이나 명절 때나 되어서야 겨우 일주일가량 엄마 아빠의 딸로 돌아간다. 그들의 품에서 어린 시절처럼 생활하다 보면, 벌써 쉰 살의 문턱에 들어섰음이 믿기지 않는다. 꿈만 같은 달콤한 시간을 뒤로하고 공항에서 배웅을 받을 때면 엄마는 나를 꼭 껴안아 주신다.

"미경아, 바쁘다고 밥 거르지 말고 잘 챙겨서 먹어."

"알았어, 엄마도 아프지 말고 잘 지내."

아빠에게는 그저 "아빠, 갈게요."라고 말만 하고 돌아서려던 순간, 엄마가 나를 붙잡으며 말했다.

"아빠도 한 번 안아드려."

아이들에게는 매일 안아주면서도, 아빠와의 포옹이 그렇게 어색했다. 서로 등을 토닥이며 겨우 껴안던 아빠와 나. 하지만 이후 몇 번의 이별과 만남을 반복하면서, 아빠를 자연스럽게 안아드릴 수 있게 되었다. 입 밖으로 "사랑해요."라는 말도 이제 어렵지 않게 나왔다. 사랑은 표현해야 알 수 있다고 하는데, 그 말 한마디가 왜 그토록 어려웠을까. 아빠는 표현이 서툰 무뚝뚝한 딸이 얼마나 정 없게 느껴지셨을까. 문득 그 마음이 짐작되었다.

물고 빨던 나의 젖 냄새 나던 아이들은 이제 중학생이 되었다. 부엌에서 저녁을 준비하던 나를 급한 듯 "엄마, 엄마!"하고 부른다. 무슨 중요한 일이 있나 싶어 손의 물기를 닦으며 "왜?" 하고 몸을 돌리면, 아이는 아무 일 없다는 듯 씩 웃으며 말한다.

"사랑해."

별일도 아닌데 불러대니 허탈해져 "뜬금없이 왜 그래?" 하고 되묻지만, 속으로는 웃음이 난다. 뜻밖의 고백, 잊을 만하면 불쑥 찾아오는 사랑의 언어는 언제나 내 마음을 위로한다.

물론 나와 아들들 사이에는 사랑의 언어만 존재하는 것은 아니다. 정리되지 않은 책상, 자꾸 몰래 사 먹는 사발면과 탄산음료, 빨래통에 들어가다 만 채 바닥에 떨어진 뒤집힌 양말 한 짝, 공부한 흔적 없는 문제집 등으로 갈등과 잔소리는 늘어만 간다.

어느 날 근무 중, 핸드폰 액정에 작은 아이 이름이 떴다.
"여보세요, 우리 아들 왜 전화했어?"
"엄마, 어제 주문한 농구 골대 있잖아요. 택배가 도착했길래 제가 벽에 접착제로 설치했거든요. 농구공을 한번 던져봤는데 골대가 떨어지면서 벽지가 찢어졌어요. 죄송합니다."
"휴, 엄마 바빠. 끊어. 집에 가서 얘기해."

순간 열이 치밀어 아무 말도 할 수 없었다. 집에 가서 살펴보겠다고 한숨을 내쉬며 전화를 끊었다. 소리 나지 않는 실내용 농구공이라며 아들이 어제 쿠팡에서 주문한 터였다. 내가 없는 사이 택배가 도착했고, 아이는 잽싸게 뜯어 설치해 본 것이다. 이사 온 지 1년도 안 된 새집. 못 하나 박지 않은 깨끗한 벽에 접착제로 골대가 붙어 있었다고 생각하니 피가 거꾸로 솟았다. 어렸을 때는 벽에 낙서 한 번 하지 않고, 별 사건사고 없이 자란 순한 아이들이었다. 이제는 사춘기 중학생 티를 내며 하지 않던 짓을 하고 있었다. 퇴근길, 운전대를 잡고 액셀을 밟으며 '집에 가서 어떻게 혼을 낼까?'하고 골몰했다. 그러다 아이가 보내온 문자를 읽었다.

'엄마, 진짜 죄송합니다. 화내지 말아 주세요.'

새집을 애지중지 쓸고 닦으며 정리 정돈의 기쁨을 누리는 내 마음을 잘 아는 아이였다. 진심 어린 사과 메시지를 보고, 불같던 화는 이내 누그러졌다.

'벽지가 뭐라고. 어떤 집은 아들들이 거실에서 야구하다 TV도 깨뜨린다는데…'

그러고 보니, 아이들은 자라면서 내게 수없이 많은 '사랑해'를 건넸다. 매일 뽀뽀하던 시절이 있었고, 침대에 누워 있을 때면 품에 안기려 이불 속으로 쏙 들어오던 시간이 있었다. 그 기억들이 지금의 나를 붙잡아 준다. 지금은 뾰족한 말과 반항으로 내 인내를 시험할 때도 있지만, 아이들은 모양과 색깔이 다른 사랑의 방식으로 여전히 나에게 사랑을 전한다. 나 역시 그랬었다. 중학생 시절, 일기장에는 엄마가 남동생과 나를 차별한다고 억울함을 토로하는 말들로 가득했다. 그럼에도 엄마가 나를 사랑하지 않았다고 생각하지 않았다. 표현 방식은 달랐지만, 부모의 사랑은 내게 전해졌고, 그 덕분에 건강하게 자랄 수 있었다. 그 사랑을 이제 나는 아이들에게 주고 있다. 아이들은 나에게, 나는 다시 부모에게 사랑을 돌려보낸다. 사랑은 그렇게 순환된다. 따뜻한 흐름이다. 마치 손으로 그린 하트처럼, 끝이 없고 끊기지 않는 둥근 선처럼. 이 글을 읽는 당신에게도 그 사랑의 순환이 닿기를 바란다. 때로는 사랑이 표현되지 않아 존재하지 않는 것처럼 느껴질 때도 있지만, 그럼에도 사랑은 언제나 그 자리에 머물고 있다는 것을 믿어도 된다고 말해주고 싶다.

"어제도, 오늘도, 내일도, 언제까지나 너를 사랑해."

13

내가 알아주는
삶이 진짜다
은재롭다

　내 꿈은 선생님이다. 일찌감치 꿈을 정한 나에게 학교 놀이는 가장 재미있는 놀이였다. 국민학교 2학년 무렵 아빠가 벽에 걸어준 스케치북 두 개 크기의 초록색 칠판은 최고의 놀이감이자 가장 즐거운 놀이터가 됐다. 바른생활, 슬기로운 생활을 보고 쓰고 설명했다. 빈자리를 보며 김 아무개에게 질문하고 칭찬도 하며 혼자 놀이의 진수를 보이며 국민학교 시절을 보냈다. 그 뒤로 방송작가, 사진작가, 건축가 등 다양한 꿈을 꾸었지만 결국 잊힌 데 반해 선생님만은 흔들림 없이 내면 깊숙이 자리하고 있었다.

　하지만 꿈은 꿈일 뿐이었다. 진로의 첫 관문에서 실업계 고등학교를 선택했다. 강원도에서 서울로 올라와 일용직 노동자로 겨우 살아내는 부모님과 재수를 결정한 오빠, 난 그 틈에서 꿈을 펼칠 만큼의 담대함이 없었다. 꿈을 이루지 못할 상황 앞에 난 돈을 선택했다. 돈이 다음의 문을 열어 주는 열쇠가 된다고 굳게 믿었기 때문이다. 이루지 못할 꿈을 안은 나에게 고등학교 진학은 외로웠다. 취업을 위한 학습에 흥미가 없던 나에게 문예창작 동아리는 몰입하기에 딱 좋았다. 2년 동안의 동아리 활동은 다양한 경험을 안겨주었고, 외로웠던 나에게 소속감을 안겨주는 학교 속 안식처가 되었다. 글을 못 써도 기한 내에 제출하지 못해 선배에게 혼이 나도 좋았다. 글 쓰는 그 시간만큼은 행복했다.

진로를 정하지 못한 나는 졸업과 동시에 유통 회사에 취업했다. 부모님에게 보여주기 위한 취업은 즐겁지 않았다. 버티며 살아가는 나에게 정말 우연한 기회가 찾아왔다. 사무실로 오배송된 잡지 한 권에 쓰인 '독서지도사'라는 다섯 글자. 그 글자를 마주하는 순간 가슴이 뛰었다. 고등학교 졸업자도 가능하다는 문구에 바로 상담 신청을 하고 등록을 마쳤다. 앞뒤 재지 않고 과감하게 사직서를 제출했다. 하루 두 번 편의점 아르바이트로 생활비를 충당하며 6개월 과정을 마쳤다. 임시 자격증을 들고 선생님으로의 첫발을 내디뎠다. 고졸이라는 학력이 주는 부족함은 나만의 결핍일 뿐, 아이들과 함께하는 선생님으로서는 절대 부족하지 않다 자신했다. 아이들의 고유성을 인정하고 학습 속도에 맞추어 수업을 이끌어가는 선생님으로 성장했다. 꿈만 같았다. 나에게 '선생님'이라고 부르는 이들이 늘어나는 만큼 성장했고, 꿈을 바라보기만 하며 좌절하고 구겨졌던 자존감도 반듯하게 펴져 갔다.

그 후 대학교 입학과 편입을 통해 원하는 공부를 마침으로 나만의 결핍을 채워갔다. 육아를 마친 후 초등학교에서 오전부터 오후까지 수업을 진행하며 규칙적인 학교생활을 시작했다. 출근길이 설렜고 수업 준비를 마치고 아이들을 기다리는 잠깐의 시간이 즐거웠다. 각양각색의 옷을 입은 아이들과의 만남은 새로운 나와 만나는 시간이었다. 아이를 통해 배우는 순간이 행복했고, 내 안에 숨겨져 있던 결핍들이 하나둘 채워지는 든든함을 느꼈다.

그러나 아이들과의 만남은 1년이라는 시간으로 제한되어 있다. 계약직 강사는 1년마다 재계약을 통해 남아 있느냐 혹은 떠나느냐의 여부가 결정된다. 담당 교사와 학생들의 만족도가 높다고 해도 관리자가 바뀌면 언제든 교체될 수 있다. 학기가 마무리되는 시기가 오면 불안감을 안고 재계약 서류를 준비한다. 때때로 계약직 강사를 언제든 교체할 수 있는 예비 인력쯤으로 여기는 교직원을 만날 때가 있다. 구두로 약속한 뒤 일방적으로 수업 시간을 변경하고, 그에 맞추지 못하면 함께할 수 없다는 통보를 받기도 한다. 계약의 문제가 아닌 존중받지 못했다는 사실이 쓰라린 상처로 남는다. 학교라는 공간에서 함께하는 교직원에게서 받은 차별은 마음을 아프게 한다. 하지만 아이들과 함께하는 순간이 주는 즐거움과 행복이 더 크기에, 그 정도의 상처는 가슴 깊이 묻는다.

> "아무도 알아주지 않아도 괜찮아."
> ─ 『채식하는 호랑이 바라』, 김국희 글 · 이윤백 그림, 낮은산

호랑이 바라를 통해 삶을 배운다. 채식을 선언한 호랑이 바라. 작은 동물들은 바라의 식사 초대가 자신들을 잡아먹으려는 술책이라 단정하고, 호랑이들은 채식하는 호랑이는 부족의 망신이라고 여긴다. 숲속의 누구도 친구가 되어 주지 않는다. 바라는 진심과 노력만으로는 그들을 설득할 수 없음을 깨닫는다. 자신을 어떤 시선으로 바라보는가에 대해 초연해진 바라는 자신만의 삶을 살아가기로 한다. 밭을 일구고 수확하며 사는 삶 속에서 드디어 행복을 찾는다.

학교에 다녀온 둘째가 묻는다.
"엄마는 내가 뭐가 됐으면 좋겠어?"
"건강하게 엄마 옆에 있는 딸이면 좋겠지."
"아니, 그거 말고. 선생님이나 의사, 경찰처럼 내가 나중에 뭐가 되면 좋겠냐고?"
"우리 딸이 정말 하고 싶은 일을 하면 좋겠어. 남에게 피해를 주는 일만 아니면 무슨 일이든 상관없어."

아이들은 자라면서 '꿈', '장래 희망'에 대한 질문을 자주 받는다. 책이나 영상에서 본 그럴싸한 모습을 동경하여 그것이 되고 싶다는 꿈을 꾼다. 스파이더맨부터 타요버스까지 어른들의 눈높이로 보면 말이 안 되는 꿈이지만 아이의 얼굴엔 행복이 가득하다. 환상에서 현실로 들어서며 아이들은 직업 선택을 앞두고 깊은 고민에 빠진다. 고등학교에 진학하고 얼마 되지 않아 진로를 결정하느라 다급하다. 수행평가와 팀별 프로젝트를 진행하기 위한 진로 결정은 필수다. 진로가 비슷한 친구끼리 팀을 이루어 과제를 준비하고 평가를 받는 일련의 과정을 거쳐야 하기 때문이다. 평가의 정도로 대학과 학과가 결정되는 만큼 아이들의 진로 고민은 깊어진다.

꿈은 언제든지 바뀔 수 있다. 선택한 길로 가지 않는다고 포기라고 단정 지을 수 없다. 내가 가고자 하는 길이 정해지면 돌아가면 그만이다. 느림을 두려워할 이유는 없다. 느림 속에서 우린 분명히 배운다. 성장할 기회로 삼으면 된다. 늦게 피어나는 꽃도 있다. 좀 돌아가면 어떤가. 돌아가는 길목에서 예쁜 꽃도 보고 지나쳐 왔던 돌멩이도 보는 또 다른 재미를 찾을 수 있다. 정해진 길과 시간에 얽매이지 말고, 내가 가고 싶은 길, 내가 향하고 싶은 방향으로 묵묵히 걸어가길 응원한다. 아무도 알아주지 않는 그 길, 내가 가면 된다. 누군가 알아주는 삶이 아닌 내가 나를 알아주는 삶, 이것이 진짜다.

우리 사회 곳곳에는 각자의 자리를 지키며 최선을 다하는 이들이 있다. 아무도 알아채지 못하지만 쓸고 닦고 빛을 내는 청소 노동자, 전화 한 통에 달려가 위험천만한 상황 속으로 뛰어드는 소방공무원, 코로나19의 공포 속에서 환자의 곁을 지킨 의료진, 이태원 압사 사고 중 의료진 곁을 지키며 함께 심폐소생술을 하며 도움을 주었던 시민들까지. 이들의 작은 움직임은 세상을 버티게 하는 힘이자 선행이다. 주어진 자리에서 묵묵히 자기 일을 하는 이들은 누군가 알아봐 주길 원하는 삶이 아닌, 내가 나를 알아주는 삶을 살아가고 있다. 나를 인정하고 내가 알아주는 삶. 그것은 분명 내 삶을 이끌어가는 힘이 되어 줌을 잊지 않기로 한다.

14

너, 진짜 어른이 맞니?
이가경

'나는 진짜 어른일까?' 어느 날 문득, 이 질문이 마음을 뚫고 들어왔다. 나의 역할에는 여러 가지 옷이 있다. 두 아이의 엄마라는 옷, 유아교사를 양성하는 겸임교수의 옷, 그리고 내가 보석처럼 귀하게 여기는 일, 바로 스프링미 대표로서의 옷이다. 한 사람이 세 곳에서 주된 역할을 하다 보니 하루가 분 단위로 흘러가고 쉴 틈 없이 해야 할 일들이 줄을 선다. 밖에서는 친절한 사람으로 살아가지만 집에 돌아왔을 땐 이미 에너지를 다 소진해 버린 나를 마주하곤 한다. 아이들에게 짜증 섞인 말투로 대하고 나면 스스로 실망하고 미안한 마음이 밀려든다.

모두가 잠든 밤, 하루를 돌아본다. 일과 속에서 느낀 불편함이 마음을 무겁게 짓누를 때면 진정한 어른의 모습을 스스로에게 묻곤 한다. 진짜 어른은 잘못 드러난 감정도 솔직히 인정하며 다시 마음을 건네는 사람이 아닐까. 오늘 하은이에게 별일 아닌데도 마음의 여유를 잃고 화부터 내고 말았다. 왜 그랬을까 곰곰이 돌아보니 밀려드는 업무로 몹시 지쳐 있었던 것이 원인이었다.

'아침에 일어나면 꼭 안아주며 사과해야지.'

어떤 관계든 항상 따뜻할 수만은 없다. 가깝고 소중한 사이일수록 화가 나기도 하고, 때로는 서운해지기도 한다.

나는 대체로 차분한 편이다. 웬만한 일에는 얼굴을 붉히지 않는다. 감정을 터뜨리기보단 눌러두는 쪽이다. 그런데 이상하게도 갈등의 한가운데 서게 되면 그 평정심은 무너지고 만다. 특히 가까운 관계와 사랑하는 사람 앞에서 더 그렇다. 감정이 격해지면 나도 모르게 목소리가 높아지고, 억울함에 눈물이 맺힌다. 그리고는 마음속 어린아이가 고개를 든다.

"왜 나만 참아야 해?", "왜 이렇게 내 마음을 모르지?", "다 필요 없어!"

어린 시절 감정을 온전히 표현하지 못했던 기억들. 함께하고 싶었지만 바쁜 엄마의 하루 속에 닿지 못한 시간들. 말할 수 없는 고민을 안고 외로이 이불 속에서 웅크렸던 밤. 그 모든 감정이 현재의 갈등에서 다시 살아나 나를 휘감는다. 어른의 몸을 하고 있지만 감정적으로는 아이처럼 반응하고 있었다. 그러한 과정 속에서 내 안의 상처와 충족되지 못한 욕구를 해결해야 한다는 사실을 깨달았다.

결국 그것은 내 마음속에 여전히 자리한 '내면 아이'의 목소리였다.

인정받고 싶고, 사랑받고 싶고, 이해받기를 속으로 간절히 외치는 작은 존재였다. 나는 그 아이를 외면한 채 어른의 얼굴만 하려 했던 것이다. 하지만 진짜 어른이 된다는 건 그 아이를 억누르는 것이 아니라 다정히 안아주고 함께 살아가는 법을 배우는 일이라는 걸 조금씩 알게 되었다.

한 해 두 해 나이를 먹는다고 해서 저절로 어른이 되는 건 아니었다. 진짜 어른이란 책임감을 가지고 삶의 방향을 스스로 선택해 가는 사람이다. 그런데도 내 삶은 여전히 누군가의 평가와 기대에 눌려 있었다. 부탁을 거절하지 못해 떠안는 일들, 습관처럼 '괜찮다.' 말하며 꾹 눌러 담은 감정들까지…. 그럴 때면 정신을 차리고 스스로에게 물었다. '나는 지금 삶을 주도적으로 살아가고 있는 걸까?'

우리는 언제나 완전한 선택만을 할 수 없다. 어른이 된다는 건 그 불완전함 속에서도 마음을 들여다보고 가능한 범위 안에서 최선을 선택할 용기를 기르는 일이다. 타인의 요구를 들어주면서도 그 안에서 나를 잃지 않기 위해 기준을 세우는 것. 작은 여백을 찾아 숨을 고르는 것. 그런 삶도 충분히 주도적일 수 있다는 것을 인정하게 되었다. 삶을 주도한다는 건 늘 강하고 당당한 얼굴을 하고 있는 것이 아니다. 때로는 버겁고 흔들리면서도 이 선택이 나의 몫임을 받아들이는 태도다. 그 안에서 다시 나아갈 힘을 길러가는 과정이다.

어른이 된다는 건 완성이 아니라 끊임없는 조율이다. 일과 가족, 나와 타인, 감정과 이성, 자유와 책임 사이에서 균형을 잡아가야 하는 삶이다. 그리고 그 균형은 결코 한 번에 이루어지지 않는다. 어떤 날은 일에 더 집중하고, 다른 날은 가족에게 마음을 쏟는다. 가끔은 아무 역할도 잘 해내지 못한 채 무너져 내리기도 한다. 하지만 이제는 안다. 그런 날들도 살아가는 이야기 속의 일부라는 것을.

때로는 누구에게도 말하지 못할 외로움을 조용히 품고 살아가야 할 때가 있다. 마음이 아파도 해야 할 일을 해내야 하는 순간들이 반복되기도 한다. 그런데도 작은 기쁨에 웃고, 소중한 사람들에게 고마움을 느낄 수 있다면 그걸로 충분하다.

우리는 완벽하기 때문에 어른이 되는 것이 아니다. 오히려 불완전한 자신을 인정하고 그 안에서 다시 방향을 잡아간다. 내가 선택한 작은 순간들이 쌓여 지금의 나를 만들고 있다. 완벽하지 않아도, 때때로 흔들려도 삶을 성실하게 감당하고자 애쓰고 있다면 그것으로 충분한 시작이 아닐까?

오늘도 '어른'이라는 이름으로 수많은 역할들을 해내는 사람들에게 『큰다는 건』 이야기를 들려주고 싶다. 이 그림책은 '큰다는 것'이 얼마나 멋지고 근사한 일인지, 그리고 진짜 큰 사람은 어떠한 모습과 행동을 하는지 자세히 전하고 있다. 성장은 특별한 순간이 아니라 매일의 선택과 태도 속에 깃들어 있다는 사실을 일깨운다. 그리고 그 이야기를 따라가다 보면, 나도 모르게 조용히 자라고 있음을 발견하게 된다.

> "큰다는 건 작은 것들이 모두 합쳐져서 결국, 아주 멋지고, 훌륭한 큰사람이 되는 거야."
>
> – 『큰다는 건』, 콜린 패러토어 글·클레어 페넬 그림, 키즈엠

작은 생각 하나가 내일의 길을 바꾸고, 짧은 다짐 하나가 오늘을 단단하게 만든다. 햇살을 바라보는 몇 초의 멈춤, 따뜻한 말 한마디가 누군가의 마음을 살린다. 책장을 넘기는 인내, 약속을 지켜내는 성실, 흔들려도 다시 일어서는 용기. 그 모든 순간이 모여 나를 조금씩 키워 내고 마침내 어른이 되게 한다.

그림책의 마지막 장을 덮고 난 뒤에도 그 문장이 오래도록 마음에 남는다. 매일의 삶 속에 작은 선한 일들이 쌓이고 쌓이기를. 어른들이 진짜 어른으로 살아가는 세상, 그 길을 당신과 함께 걸어가고 싶다.

15

내가 이 세상에 있는 이유
이연화

> "가장 중요한 때는 언제일까?"
> "가장 중요한 사람은 누구일까?"
> "가장 중요한 일은 무엇일까?"
>
> ― 『세 가지 질문』 존 무스 글·그림(레프 니콜라예비치 톨스토이 원작), 달리

    12년의 시집살이에서 분가했다. 임대 아파트였지만 오롯이 우리 가족만의 보금자리가 생겼다는 것으로도 행복했다. 아이들의 양육과 배움을 위해 노력했던 시간이기도 했다. 아이들의 교육과 가족의 안정을 위해 최선을 다해 나는 살아왔다. 행복한 가정을 꾸리고 살아가는 것이야말로 나의 자부심이었다.

    새로운 곳에 정착해 아이를 통해 엄마들을 만나고, 그들과 친한

언니 동생으로 새로운 인연을 시작하게 되었다. 그러나 어느 순간부터 친하다는 말이 무색할 정도로 위험한 사이라는 느낌이 감지되었다. 내가 지켜온 평범하고 조용한 행복이 그들에게는 눈엣가시였다는 것을 알게 되었다. 그들은 다정다감하고 친절했다. 무엇보다 나를 인정해 주는 사람들이었다. 그녀들과 있을 때면 나의 미소는 더욱 빛을 발했다. 그래서였을까. 시간이 지나면 지날수록 그녀들은 점점 날 선 말들을 던지기 시작했다.

"너는 이기적이야. 나보다 잘난 것도 없으면서 왜 그렇게 당당해? 양심도 없어."

그녀들이 내뱉은 말들은 칼날처럼 내 마음에 꽂혔다. 혼란스러웠다. 내가 무언가를 잘못한 걸까 스스로를 끊임없이 되짚었다. 급기야 나를 두고 '남의 남편을 탐낸다.'는 말까지 서슴지 않았다. 온몸이 얼어붙고 숨이 쉬어지지 않는 나에게 그녀들은 말했다.

"네가 모르니까 말해 주는 거야. 나니까 알려주지 누가 알려주냐. 이건 다 널 위해서야."

나는 무력했다. 대답할 수도 반박할 여지조차 주어지지 않았다. 그녀들의 말과 행동을 그저 받아들일 수밖에 없었다. 내가 못나서 그렇다고, 내가 부족해서 그런 대접을 받는다고 생각했다. 벗어나려 하면 할수록 그들의 간섭은 더욱 심해졌다. 내 마음을 주체할 수 없었다. 무엇보다 날 힘들게 하는 건 나 때문에 가족들이 겪어야 하는 피해였다. 가족에게 짐이 된다는 생각에 마음은 더 무너져 내렸다. 밤마다 아파트 옥상에 올라갔다. 별빛 없는 밤하늘을 바라보며 생각했다.

'나만 없으면, 내가 사라지면 그녀들과의 인연도 끝나지 않을까?'

가족이 잠든 새벽 조용히 집을 나섰다. 고요함 속에서 차가운 새벽 공기를 깊게 들이마시는 순간 숨통이 트이는 듯했다. 비로소 '해방'이라는 단어를 떠올랐다. 마음도 가볍고 평온했다. 가까운 전철역까지 걸었다. 사람들이 다니지 않는 새벽, 나 홀로 걷는 그 길에선 무서움 따위는 느껴지지 않았다. 단지 시원했을 뿐. 나는 바다를 보기 위해 부산행 표를 끊었다. 보고 싶었던 바다를 보며 삶을 마감하는 것도 괜찮은 선택 같았다. 죽음을 선택하는 것만이 내가 할 수 있는 '가족을 위한 일'이라고 믿었던 그 순간은 이상하게도 편안했다. 하지만 인생은 계획한 대로, 뜻한 대로 되지 않았다.

그동안 이상함을 감지했던 친정 식구들의 연락으로 부산 바다도 보지 못한 채 큰언니 손에 이끌려 친정으로 목적지를 변경해야 했다. 만신창이가 된 모습을 본 부모님은 그저 말없이 안아주셨다. 부모님이 마음 아파하시는 모습을 보니 괜히 왔구나 싶었지만, 그럴수록 정신 차리고 건강을 회복하는 데만 힘을 쏟았다. 엄마는 끼니때마다 내가 좋아했던 음식들을 만들어 한 상 가득 차려 주셨다. 몸도 마음도 조금씩 회복되어 갔다.

어느 날, 암 투병 중인 아빠가 의료용 침대에 걸터앉아 가만히 나를 바라보며 말했다.

"막내야! 힘들면 애들 데리고 내려와라."

나는 아빠를 끌어안은 채 한없이 눈물을 흘려야 했다. 비로소 알게 되었다. 아빠, 엄마가 날 얼마나 사랑하는지를. 나를 사랑하는 사람들이 내 곁에서 늘 응원해 주고 있었던 것이다.

내게 가장 중요한 때는 '지금 이 순간'이다.
내게 가장 중요한 사람은 '사랑하는 가족들'이다.
내게 가장 중요한 일은 '사랑하는 가족을 지키는 것'이다.

나는 그림책을 통해 내가 이 세상에 있어야 하는 답을 찾을 수 있었다. 가족을 위해 살고 죽는 것이 나의 책무라 여겼다. 그걸 지키기 위해서는 먼저 내가 살아야 했다. 나의 선택은 틀리지 않았다. 상처 입은 나를 보며 괴로워했던 남편과 아이들, 친정 식구들과 나를 걱정해 주고 위로해 준 지인들을 위해서라도 행복하게 살아갈 이유는 충분했다. 나는 그들이 깨트리려 했던 소중한 가정을 지킬 수 있었다. 오히려 더욱 돈독해지고 끈끈해졌다. 오랫동안 누군가의 말과 시선 속에서 무너져야 갔다. 모든 게 내 잘못인 것 같았다. 나를 짓누르던 말들은 '가스라이팅'이었다는 것을 심리 상담을 통해 알게 되었다. 내가 겪었던 일은 결코 정당하지 않았다. 그 사실은 오랜 시간의 상담과 스스로를 마주하는 노력과 용기를 통해 얻어낸 결과였다. 어쩌면 그로 인해 내가 다시 태어난 날이었는지도 모른다.

그림책을 만나서 나의 삶을 대하는 방식이 달라졌다. 처음에는 그저 마음이 지쳐 아무 생각 없이 페이지를 넘겼다. 그러다 그림책 속 문장 하나, 그림 하나가 내 마음을 콕 찔러 깨우곤 했다. 기쁨, 슬픔, 화, 무력감, 절망, 외로움…. 그 안에는 상처 입고 아파하는 내가 있었다. 특히 『세 가지 질문』을 읽으며, 나는 무심히 지나쳐 온 일상과 내 사람들을 새롭게 바라보게 되었다. 그림책 속 니콜라이처럼. 내 인생은 여전히 완벽하지 않다. 여전히 버겁고 힘에 부칠 때가 많다. 건강은 회복 중이고, 경제적 어려움은 여전하다. 그러나 나는 안다. 진짜 중요한 것이 무엇인지, 왜 내가 이 자리에 있어야 하는지를.

살아오면서 겪었던 아픔과 상처는 지금도 여전히 나를 힘들게 하고 있다. 하지만 그때의 경험을 받아들이고, 치유하면서 삶을 지탱해 줄 만큼 마음과 정신이 단단해졌다. 지금 나는 가족과 함께 소소한 일상을 누리면서도 행복하게 살아가고 있다. 함께 있는 사람과 커피 한 잔을 나누며 웃을 수 있는 시간, 동료와 주고받는 가벼운 농담, 저녁 식탁에서 아이들과 나누는 사소한 이야기들이 내가 살아가야 할 이유가 되어주었다.

누구에게나 힘든 순간이 온다. 그럴 때마다 나는 '세 가지 질문'을 해본다. 내게 가장 중요한 때는 언제인지, 내게 가장 중요한 사람은 누구인지, 내게 가장 중요한 일이 무엇인지를. 질문 속에 우리가 이 세상을 살아갈 이유가 숨어 있을지 모른다. 때때로 짧은 문장이 인생의 의미를 비추는 길잡이가 되기도 한다. 나는 그림책 속 문장을 통해 삶을 살아갈 위로와 용기를 얻었다. 오늘도 나는 소중한 사람들과 함께 소소한 일상을 글로 기록하며 살아가고 있다. 흔들리는 삶 속에서도 우리가 살아가려 발버둥 치는 이유는 사랑하는 사람들을 지키기 위해서다. 견디고 버티며 살아가는 것으로도 우리의 존재 가치는 충분하다.

문장에서 삶으로
마음과 마음 사이로

Step 3. 쓰기 이제, 누군가에게 또는 나 자신에게 짧은 한 문장을 건네봅니다. '그때'의 나 혹은 너에게 건네고 싶은 한 문장을 적어 보세요.

1. 나에게

---

2. 가족에게

---

3. 지나간 사랑에게

---

4. 지금 사랑하고 있는 사람에게

---

5. 아직 오지 않은 '누군가'에게

마치는 글

강화정

그림책 속 한 문장에 멈춰 섰던 때가 있었다. 그 짧은 문장이 나를 깨우고 얼어붙었던 마음에 온기를 불어넣어 세상을 향해 발걸음을 내딛게 해주었다. 이 책은 내가 처음으로 내딛는 용기 있는 발걸음이다. 아직은 서툴고 부족한 점이 있을지 모른다. 그러나 진심만은 꼭 전하고 싶어 힘껏 용기를 내어보았다. 이 책을 통해 독자들의 마음에도 작은 문장 하나가 큰 울림이 되기를, 잠시 멈춰 서서 자신을 돌아보며 한 걸음 더 힘껏 나아갈 용기를 얻기를 간절히 바란다.

김미애

나는 예쁘거나 재미있는 그림책보다는 감동을 주는 그림책을 더 좋아한다. 짧지만, 선명하게 와닿는 문장은 내 안의 오래된 기억을 불러내고, 잊고 지낸 마음을 다시 꺼내주며 삶을 돌아보게 했다. 초보 작가로 글을 쓰는 일은 쉽지 않았다. 쓰인 글을 읽으며 부끄럽고 후회되기도 했지만, 나의 글과 마음이 조금씩 성장하고 있음을 느낀다. 이 글을 통해 나 자신에게 위로와 격려를 전할 수 있어 감사하다. 부족한 글이지만 누군가에게 작은 의미로 다가갈 수 있기를 진심으로 바란다.

김선호

산더미처럼 쌓여 있는 업무를 마치고 귀가하는 동시에 육아 출근 도장을 찍는다. 아이 목욕시키기, 저녁 식사 준비하기, 빨래 개기 등 밀린 집안일을 처리한다. 녹초가 된 몸으로 아이와 함께 앉아 읽은 그림책의 한 문장이 나를 멈추어 서게 했다. 그림책의 단 한 문장이지만, 우리네 삶이 그대로 녹아 있다. 아이를 위해 읽은 그림책이지만, 오히려 내가 위로받고 내일을 또 살아갈 용기를 얻는다. 그림책을 통해 만나는 일상의 기적. 최고의 작품인 우리 모두가 서로 사랑하며 함께 빛을 향해 걸어가기를 기도해 본다.

김효정

언제나 생각의 트리거가 되어주는 그림책. 그림책은 교사 생활하면서 처음 접한 후 20년 넘게 가까이 곁에 두고 마음을 새롭게 하는 삶의 옹달샘이다. 그림책과 관련된 이번 글은 어지럽던 서랍을 정리하듯 내 속에 있던 자존감, 두려움, 고난에 대한 개념 및 가치를 정리하는 경험을 갖게 해주었다. 나를 괴롭게 하던 것들이 내 삶의 양식이었음을 깨닫게 되었다. 글은 매번 특별한 경험을 준다. 글을 쓸수록 마음이, 삶이 풍성해지는 느낌이다.

문미영

그림책 읽고 공저를 같이 쓰자고 했을 때 처음에는 망설였다. 성인이 되어서는 그림책을 읽어본 적이 거의 없는데 어떻게 에세이를 쓸지 막막했다. 고민하다가 함께하기로 결심하고 글을 썼다. 공저를 쓰면서 그림책에 관심을 가지고 읽었는데 그림책을 읽으면서 내가 위로를 받았다. 어린이들만 읽는다고 생각했던 그림책에 성인이 읽어도 좋은 내용들이 많다. 그림책을 읽고 쓴 에세이인 만큼 이 글을 읽는 독자들도 위로를 받았으면 좋겠다는 마음이다.

문순천

그림책을 보면 항상 힐링이 된다. 그림 한 페이지만으로도 기분이 좋아지고, 잊고 지냈던 감성들이 되살아나는 것을 느낀다. 그림책을 보고 책을 만들어내는 과정은 그 자체로 소중한 경험이었다. 부디 이 책이 여러분에게 그림책이 주는 기쁨과 위로를 더 크게 느끼게 하는 계기가 되기를 바란다. 책을 덮은 후, 자신만의 그림책 에세이를 한 권 써 내려가는 건 어떨까 제안해 본다. 이 경험이 각자의 삶에 작은 행복을 더해줄 것이라 믿는다.

백작

'백작 책 쓰기 클래스' 회원들이 그림책도 사랑하고 글도 쓰기를 바라는 마음이 커졌다. 열네 명의 공저자들과 호흡을 맞추는 과정은 쉽지 않았지만 완주할 거라는 결과는 확실했다. 기획과 집필을 동시에 한 책이라 애착이 간다. 나를 포함한 공저자들의 글을 읽고 독자들도 써보고 싶다는 마음을 가지길 바란다. 실행으로 옮기는 방법이 있다. 첫째, 그림책 한 줄과 오늘 이야기 두 줄 연결하기. 둘째, '글빛글빛 그림책' 모임 참여. 독자들의 읽고 쓰는 삶을 응원하며, 문미영 팀장과 이가경 서기에게 감사함을 전한다.

신지은

그림책 수필을 쓰면서 그때는 알지 못했던 크고 작았던 실수가 마음가짐을 배워가는 계기가 되었다. 한 번만 써보고 싶다는 생각만으로 흘러 들어온 곳이 글쓰기였다. 한 번으로 끝날 줄 알았던 순간이 누군가의 따뜻한 마음으로 인해 지금까지 글을 쓰며 살아가는 힘이 되고 나갈 수 있는 용기가 되었다. 나에게 함께 걸어가고 있는 사람들이 전해주는 따뜻한 힘이 감사하다. 이 책을 함께하는 사람에게도 다정한 한 걸음, 커다란 용기가 되길 바라며.

쓰꾸미

그림책은 유치했다. 5년 전, 딸이 잠자기 전에 읽어주었던 그림책이 마지막이었다. 그때에는 매일 저녁에 딸에게 읽어주느라 꽤 읽었다. 일하느라 피곤해 쉬고 싶다는 욕심 때문에 정성을 다하지 않았다. 이번 공저를 준비하면서 그림책을 다시 보니, 새로웠다. 도서관에서 이 책 저 책 들추고 두리번거리면서 후회했다. 그림책에 담긴 메시지가 좋아, 5년 전 딸에게 덜 읽어주었던 내 선택이 아쉬웠다.
'지금, 여기'에 최선을 다해야 한다는 진리를 이번 공저를 쓰면서 또다시 마주했다.

연수

내가 책을 낸다는 것은 정말 말 그대로 드림이었는데 내 삶에 그렇게 우연한 인연들이 나를 여기까지 이끌고 와주었다. 첫 번째 퇴고를 하기 위해 막무가내로 써 내려갔던 글들은 가을의 나뭇잎 떨어지듯 우수수 떨어지며 추려지고 또 추려지기를 반복했다. 어느 날에는 아예 글자를 보고 싶지도 않았던 날도 있었고 아쉬움에 문장 한 줄, 단어 하나를 노려보기도 했다. 그렇게 세상 밖으로 나오기 위해 준비했지만, 부족한 내 글이 누군가에게 작은 위로가 되고, 조금이라도 공감할 수 있기를 진심으로 바란다.

영지현

꿈을 이루기 위해서 글을 쓰기 시작했다. 모국어가 아닌 한국어로 글을 쓰는 것이 쉽지 않지만, 매일 열심히 쓰고 있다. 원래 소설을 쓰고 싶었는데 에세이부터 쓰게 됐다. 한국어로 쓰니까 내가 배울 것이 여전히 많다고 느껴진다. 이 책의 작가가 되도록 도와준 분들에게 감사한 마음을 전하고 싶다. 덕분에 꿈을 향해 조금 가까이 다가갈 수 있었다. 책을 쓰는 과정이 어려웠는데도 재미있었다. 아직 많이 부족하지만, 나의 진심과 경험이 담긴 글이 누군가의 마음에 닿길 바란다.

윤미경

그림책의 한 문장은 언제나 내 마음을 두드린다. 짧은 글귀에 불과하지만, 그것은 내가 누구이며 어떻게 살아야 하는가를 묻는 질문이 되기도 한다. 아이들과 그림책을 함께 읽고 이야기를 나눌 때마다 나는 아이들 속에서 나 자신을 다시 발견한다. 그림책은 어른인 나를 더 깊이 건드리고, 잊고 있던 추억을 불러내며, 때로는 삶을 새롭게 바라보게 하는 큰 깨우침을 준다. 그림 속에 숨은 의미를 찾아내는 일 또한 내게는 큰 기쁨이다. 오늘도 작은 문장 속에서 나를 비추고, 내일을 살아갈 힘을 얻는다.

은재롭다

글은 놀라운 힘을 갖는다. 마음속에 담아 꺼내기조차 조심스러웠던 이야기를 글이라는 그릇에 담아내는 순간, 힘들고 외로웠던 시간은 휘발되고 잘 이겨낸 지금의 나만 오롯이 남는다. 결핍은 결코 부족한 것이 아니다. 새로운 길을 열 수 있는 힘을 주기 위한 기회이다. 포기가 아닌 내 길을 걸어가는 것, 그것이 결핍을 채우는 일이자 나를 진심으로 사랑하는 일이다. 매일 글을 쓰고 마음을 정돈하며 천천히 성장해 가는 내가 참 좋다. 나는 오늘도 쓴다. 나의 이야기가 단 한 사람의 마음에 닿기를 바라며.

이가경

연년생 남매를 키우며 하루하루를 버텨내는 동안 '나'라는 존재를 잃어버렸다. 그때 만난 그림책들은 작은 거울이자 다시 걸어가게 하는 신호가 되어 주었다. 그 속에서 잊고 있던 나를 다시 만나며 상황을 넘어설 용기를 얻었다. 엄마이면서 동시에 나 자신으로 살아가는 균형은 여전히 어렵지만 분명 길은 있다는 믿음이 있다. 이제 그 문장들이 남긴 발자취 위에 나의 걸음을 이어간다. 그리고 오늘, 같은 길을 걷는 당신에게도 이 용기를 전한다.

이연화

살면서 누구에게나 한 번쯤은 어두운 터널을 지나야 할 때가 있다. 나 또한 그랬다. 삶의 벼랑 끝에서 울고, 주저앉고, 모든 걸 내려놓고 싶었던 순간들이 있었다. 나를 다시 일으켜 세운 건 그림책 속 짧은 문장 하나와 그 문장이 건네는 따뜻한 위로였다. 그림책은 어른인 나에게 엄마 품처럼 따스한 '안전지대'가 되어주었다. 이 글을 읽는 누군가에게도 그림책 속 문장 하나가 위로가 되기를, 삶을 다시 살아갈 수 있는 힘이 되어주기를 바란다.